Anne de Bretagne

CÉDRIC TCHAO

Anne de Bretagne

Intrigues au Château

Scénario et dessin : **Cédric Tchao**

Dossier historique : **Aurélien Armide**

casterman

PROLOGUE
KIIKK
ON EST ARRIVÉS ! TOUT LE MONDE DESCEND !

PFFF... LA GALÈRE...
ET VOILÀ !
NOUS SOMMES AU CHÂTEAU DES DUCS DE BRETAGNE !
PENDANT DES SIÈCLES, CE CHÂTEAU A PLUSIEURS FOIS ÉTÉ RÉAMÉNAGÉ, RECONSTRUIT...
NOTAMMENT À LA FIN DU XVE SIÈCLE, PAR LE DUC FRANÇOIS II, LE PÈRE D'ANNE DE BRETAGNE.
NOUS SOMMES ICI DANS LES ANCIENNES CUISINES, OÙ...
JE DÉTESTE LES VISITES SCOLAIRES...
BAILLE !
IL FAUT SE LEVER TÔT ET LE TRAJET EN BUS ME REND TOUJOURS MALADE...
... ET À CHAQUE FOIS, C'EST LA MÊME CHOSE, MON SAC EMPESTE UNE VIEILLE ODEUR DE SANDWICH AU JAMBON-BEURRE...
J'AI ENVIE DE VOMIR !
!
EH ! GAËL ! TU ÉCOUTES QUAND JE PARLE, OUI ?!

JE DISAIS DONC : JE VEUX UN COMPTE RENDU, À LA FIN DE LA JOURNÉE, SUR CE QUI VOUS AURA LE PLUS MARQUÉ PENDANT VOTRE VISITE…
LE CHÂTEAU REGORGE DE RICHESSES HISTORIQUES, JE SUIS CERTAINE QUE VOUS TROUVEREZ L'INSPIRATION !
TROP DE PERSONNAGES…

LU
A TRAVERS LES AGES
NANTES
1910
TROP
D'ÉVÉNEMENTS...
TROP
DE DATES
À RETENIR...
TROP
DE MARCHES
À MONTER !

ILS DEVAIENT AVOIR LA FORME, À L'ÉPOQUE !
PFFF... CES ESCALIERS M'ONT TUÉ ! JE SUIS CREVÉ.
FERMETURE POUR TRAVAUX
POURQUOI EST-CE QU'ON DOIT FAIRE CE DEVOIR ? C'EST QU'UN VIEUX CHÂTEAU.
AVEC DES VIEUX TRUCS DE GENS QUI SONT MORTS IL Y A LONGTEMPS !

MIS À PART LES ARMURES DE CHEVALIERS QUI SONT COOL, ÇA NE M'INTÉRESSE PAS.
C'EST VRAIMENT MANQUER DE RESPECT POUR LES PERSONNAGES IMPORTANTS QUI ONT VÉCU ENTRE CES MURS !
TANT D'ÉVÉNEMENTS SE SONT DÉROULÉS ICI !
HEIN ?!
TU AS TORT DE LES NÉGLIGER.
JE VAIS TE LE PROUVER !

QUE S'OUVRENT LES PORTES DU TEMPS !!!
IL A ÉTÉ LE TÉMOIN DE L'IGNOMINIE DE CERTAINS HOMMES ENVERS D'AUTRES À CAUSE DE LA COULEUR DE LEUR PEAU !

CE CHÂTEAU A VU DES SOLDATS QUI ONT DONNÉ LEUR VIE POUR LA LIBERTÉ !
IL A VU Y SÉJOURNER DES ROIS QUI ONT FAIT L'HISTOIRE DE CE PAYS !
ENTENDS-TU SONNER LES CLOCHES DE LA CATHÉDRALE DE NANTES ?
DING
DONG
QU'ON FASSE CHAUFFER DE L'EAU, VITE ! VITE !
OUI, MADAME !
ELLES ANNONCENT LA NAISSANCE DE QUELQU'UN D'IMPORTANT !
DONG
MON DIEU, MON DIEU ! LE TRAVAIL A DÉJÀ COMMENCÉ ! VOUS AVEZ DU LINGE PROPRE ?
MAIS... LA NAISSANCE DE QUI ??
ET QU'EST-CE QUI SE PASSE ?!?

LA NAISSANCE D'ANNE DE BRETAGNE !

MAIS, QUE... ?
QU'EST-CE QUI S'EST PASSÉ ?!?

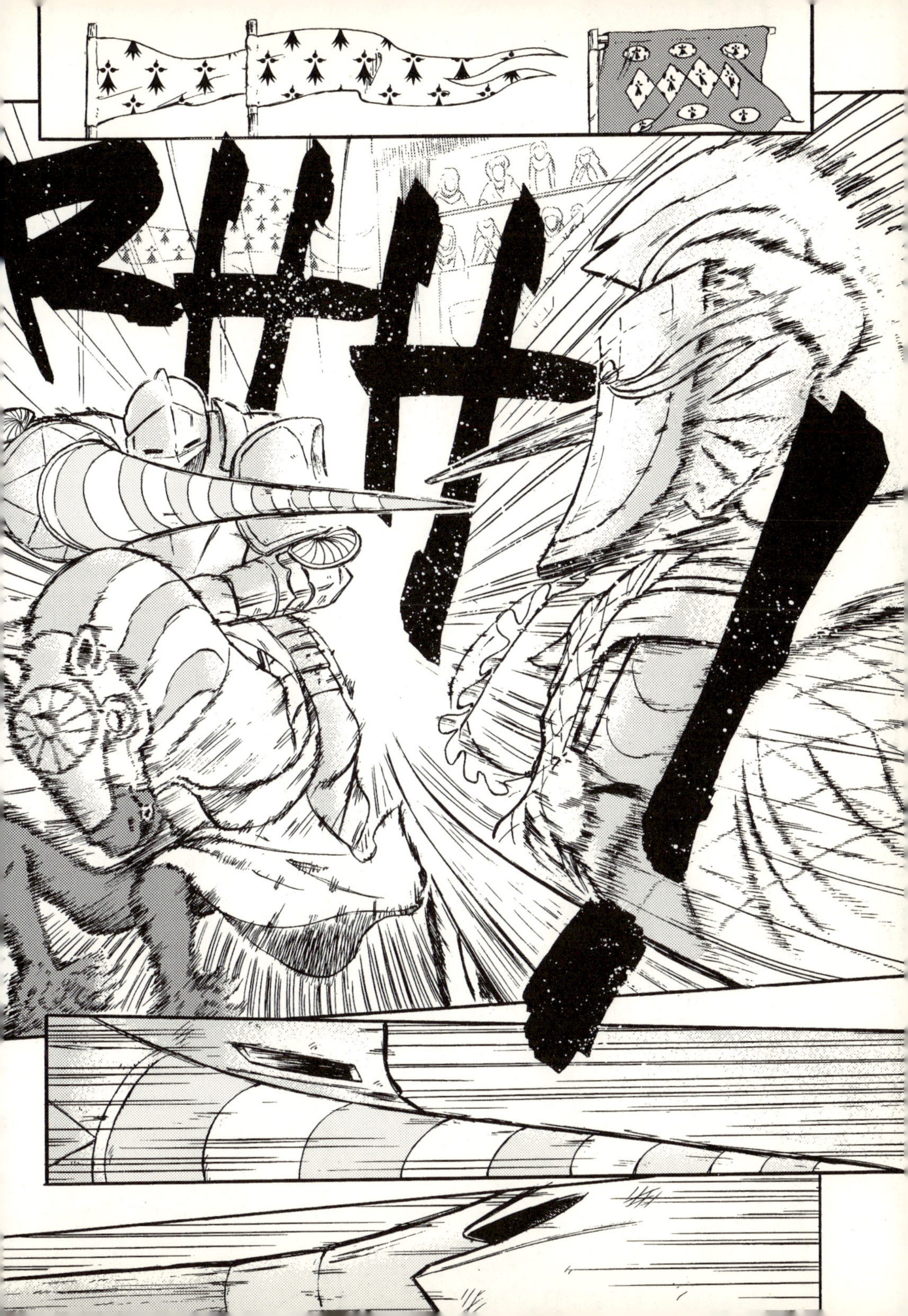
RHHH

FWWTTT
KRAK!
OH!
AH!
OUAIS!
AAAAH!
OUAIS!!

PARTIE 1

FRANÇOIS II, DE LA MAISON DES MONTFORTS, DUC DE BRETAGNE, EST LE MAÎTRE DE CE CHÂTEAU. C'EST UN HOMME BON ET AIMÉ DE SON PEUPLE.
EH !
IL S'EFFORCE DE MODERNISER LA BRETAGNE, UN PAYS RICHE ET INFLUENT QUI ENTRETIENT DES RELATIONS PRIVILÉGIÉES AVEC D'AUTRES PRINCIPAUTÉS DU ROYAUME, MAIS AUSSI AVEC LE ROI D'ANGLETERRE EDOUARD IV.
MAIS FRANÇOIS EST UN SOUVERAIN QUI S'INTÉRESSE PEU AUX AFFAIRES COURANTES DE SON PAYS.
IL DÉLÈGUE L'ESSENTIEL DE SON POUVOIR POLITIQUE À PIERRE LANDAIS ET GUILLAUME CHAUVIN, SON TRÉSORIER ET SON CHANCELIER.
EEEH !
SWIIIP
FAIS ATTENTION, ÇA GLISSE.
LANDAIS N'A AUCUNE LÉGITIMITÉ, C'EST UN ROTURIER QUI A GRAVI LES ÉCHELONS DU POUVOIR.
POF!
POF!
HUMPF !
IL EST DÉTESTÉ DE LA NOBLESSE ET DE LA POPULATION BRETONNE.
NOUS SOMMES LE 26 FÉVRIER 1477.
UN MOIS APRÈS LA NAISSANCE D'ANNE DE BRETAGNE.
POUR CÉLÉBRER LA VENUE AU MONDE DE SA FILLE, LE DUC A ORGANISÉ CETTE FÊTE ET INVITÉ À CE TOURNOI UN GRAND NOMBRE DE FAMILLES NOBLES DE LA CHRÉTIENTÉ.
BIEN ENTENDU, C'EST AUSSI ET SURTOUT POUR DES RAISONS POLITIQUES...

...
?
CO... COMMENT ÇA, 1477 ?? QUI ÊTES-VOUS ?!
OÙ JE SUIS ?! QU'EST-CE QUI SE PASSE ?!?
EUH...
HÉ !
SWIFT SWIFT
AAAH... !
SHHH !

JE M'APPELLE AEDAN PUCK ET JE SUIS LÀ POUR TE DONNER UNE BONNE LEÇON !
JE SUIS UN KORRIGAN...
UN ESPRIT DE LA BRETAGNE.
CETTE BÂTISSE N'EST PAS SEULEMENT « UN VIEUX CHÂTEAU AVEC DES VIEUX TRUCS DE GENS QUI SONT MORTS IL Y A LONGTEMPS », COMME TU DIS !
HEIN... ?!
JE T'AI FAIT FAIRE UN BOND DANS LE TEMPS, JUSQU'EN 1477 ! TU VAS VIVRE L'AVENTURE DE L'INTÉRIEUR !
NE T'INQUIÈTE PAS.
QUAND TU EN SAURAS SUFFISAMMENT POUR ÉCRIRE TON DEVOIR, TU SAURAS COMMENT RENTRER.
DE TOUTE FAÇON, TU N'AS PLUS LE CHOIX !
UN KO... KORRIGAN ? EN 1477 ?? MAIS... MAIS ??
POURQUOI EN 1477 ?!
C'EST POUR LES BESOINS DU SCÉNARIO !
HEIN ?!

BRAVO !
BRAVO !
VOICI LE DUC ET SON ÉPOUSE, LA DUCHESSE MARGUERITE DE FOIX. LE DUC EST UN ÉPICURIEN, IL NE MANQUE JAMAIS UNE OCCASION DE S'AMUSER !
AH ! VOUS VOICI ENFIN ! JE VOUS CHERCHAIS PARTOUT !
SALUT, BOUCHART ! COMMENT VA ?
ARF ! AEDAN ! PFIOU !
HÉ... ! ARF ! HÉ !
?
IL Y A UN MONDE FOU À CETTE FÊTE, J'AI EU DU MAL À VOUS TROUVER !
LE DUC A TOUJOURS VU LES CHOSES EN GRAND ; DIRE QUE JE VAIS DEVOIR CONCILIER TOUT ÇA PAR ÉCRIT DANS SES CHRONIQUES !
AH MAIS, JE SUIS VRAIMENT CONTENT QUE TU SOIS VENU, GAËL ! TON AIDE ME SERA BIEN PRÉCIEUSE !
HEIN ?!
VIENS ! IL FAUT QUE JE TE PRÉSENTE AU DUC !
MAIS... ?
MAIS QUI C'EST ? ...

AEDAN ! VOUS ICI ! QUELLE JOIE !
AVEZ-VOUS FAIT BON VOYAGE ?
DÈS QUE J'AI REÇU VOTRE LETTRE, JE SUIS ARRIVÉ LE PLUS RAPIDEMENT POSSIBLE.
VOS CHANSONS ONT QUELQUE CHOSE DE MAGIQUE. ELLES SEMBLENT ÊTRE L'INCARNATION DE LA BRETAGNE.
PEUT-ÊTRE LUI COMPOSEREZ-VOUS UNE BERCEUSE ?
LA DUCHESSE A TELLEMENT INSISTÉ POUR VOUS AVOIR AUPRÈS D'ELLE. MAIS JE NE PENSAIS PAS QUE VOUS ARRIVERIEZ À TEMPS !
JE CROIS QUE VOTRE VOIX ET VOS CHANSONS LUI ONT VRAIMENT MANQUÉ.
HA ! HA !
!

MAIS DITES-MOI, BOUCHART, MON CHRONIQUEUR...
... NE SERAIT-CE PAS LE JEUNE HOMME QUI VOYAGE AVEC AEDAN ET DONT VOUS M'AVEZ PARLÉ ?
OUI, OUI, MONSEIGNEUR ! JE VOUS PRÉSENTE GAËL, MON NEVEU.
J'AI PENSÉ QU'IL POURRAIT ME REMPLACER QUAND JE SERAI EN VOYAGE ET JE SUIS CERTAIN QU'IL APPRENDRA BEAUCOUP À VOTRE SERVICE !
SON NEVEU ?
MAIS JE SUIS PAS SON...
JOUE LE JEU !
AÏE !
POURQUOI PAS ? IL ME SERA D'UNE AIDE PRÉCIEUSE. ON A TOUJOURS BESOIN DE QUELQU'UN POUR CHANGER LES LANGES !
C'EST D'ACCORD ! HA ! HA ! HA!
J'ESPÈRE QUE VOTRE NEVEU CONNAÎT LES BONNES MANIÈRES QUI SIÉENT À NOTRE COUR !

LES BONNES MŒURS ET LA QUALITÉ DE SON ENTOURAGE SONT ESSENTIELLES À L'ÉDUCATION DE NOTRE NOUVELLE VENUE !
J'Y VEILLERAI AVEC LA PLUS GRANDE ATTENTION !
JE VOUS PRÉSENTE NOTRE AMIE, LA COMTESSE DE LAVAL, DAME DE CHÂTEAUBRIANT, FRANÇOISE DE DINAN.
NE VOUS FIEZ PAS À SON AIR SÉVÈRE. COMME NOUS TOUS ICI...
... LA COMTESSE PORTE UN AMOUR INCONSIDÉRÉ À NOTRE PAYS, LA BRETAGNE...
ELLE SERA UNE EXCELLENTE GOUVERNANTE POUR NOTRE ENFANT.
HUM... ANNE DOIT AVOIR DE BONNES FRÉQUENTATIONS. SAVEZ-VOUS LIRE ET ÉCRIRE, AU MOINS ?
QUOI ?! MAIS BIEN SÛR QUE JE SAIS LIRE ET ÉCRIRE ! JE...
CE JEUNE HOMME SERA BIEN PLUS UTILE À MON SERVICE...
... MADAME LA COMTESSE !
TRÈS BIEN !
PLANK
MONSIEUR LE TRÉSORIER PIERRE LANDAIS.

ANNE N'EST ENCORE QU'UN BÉBÉ, ELLE A SEULEMENT BESOIN D'ÊTRE NOURRIE ET CHANGÉE.
VOTRE « ÉDUCATION » POURRA BIEN ATTENDRE TROIS ANS, COMME IL EST DE COUTUME !
MONSEIGNEUR LE DUC, JE CONÇOIS QUE CE TOURNOI ORGANISÉ EN L'HONNEUR DE VOTRE FILLE EST UN MOMENT DE JOIE...
PRENDRE UNE TELLE AVANCE NE SERVIRA À RIEN !
PFFF !
CEPENDANT, IL EST DES CHOSES QUI DOIVENT ÊTRE DISCUTÉES DE TOUTE URGENCE...
SHHH...
OUIN ! OUIN !
LANDAIS, EST-CE VRAIMENT LE MOMENT ET LE LIEU POUR PARLER POLITIQUE ? VOUS N'ÊTES GUÈRE PRUDENT... VOS PAROLES POURRAIENT TOMBER DANS DE MAUVAISES OREILLES ET SE RETOURNER CONTRE VOUS.

TRÈS BIEN, MADAME LA COMTESSE.
VOUS AVEZ RAISON.
... !
LE DUC ET MOI-MÊME ALLONS PRENDRE CONGÉ POUR PARLER POLITIQUE ET AFFAIRES D'ÉTAT DANS UN ENDROIT...
... PLUS SÛR !
GRIP !
PIERRE, MON AMI, MADAME LA COMTESSE, NE NOUS ÉNERVONS PAS ! VOUS AVEZ RAISON TOUS LES DEUX. NOUS SERONS MIEUX POUR DISCUTER DANS MES APPARTEMENTS.
ET GAËL...
... VENEZ AVEC NOUS. JUSQU'À CE QU'ANNE SOIT ASSEZ GRANDE, VOUS SEREZ MON PAGE.
IL ARRIVE ! IL ARRIVE !
MAIS ? MAIS ?!

LA COMTESSE DE LAVAL…
CETTE FEMME…
JE NE PENSE PAS QU'ELLE FERA UNE BONNE GOUVERNANTE.
ELLE FAIT PARTIE DE CES ANCIENNES FAMILLES DE BRETAGNE QUI VOUDRAIENT REVENIR SUR LE DEVANT DE LA SCÈNE !
ET EUX, DERRIÈRE LA PORTE, CE GAËL ET CET AEDAN… QUI SONT-ILS ? COMMENT ÊTRE SÛR QU'ON PEUT LEUR FAIRE CONFIANCE ?
LES AFFAIRES DONT JE VEUX VOUS PARLER RELÈVENT DE LA SÉCURITÉ DU DUCHÉ, MAIS…
… IL Y A DES ESPIONS PARTOUT !
ALLONS, MON CHER LANDAIS, VOUS VOYEZ LE MAL PARTOUT !
GRÂCE À VOUS ET À VOS RÉFORMES, MALGRÉ LE CLIMAT POLITIQUE ACTUEL, LE DUCHÉ SE PORTE BIEN. NOUS N'AVONS JAMAIS ÉTÉ AUSSI PROSPÈRES, MAIS VOTRE RÉPUTATION D'HOMME INFLEXIBLE…
FAITES UN PEU CONFIANCE AUX GENS, ILS VOUS LE RENDRONT BIEN. HA ! HA ! HA !
ALORS, MAINTENANT, MON AMI, DE QUOI VOULEZ-VOUS ME PARLER ?
MONSEIGNEUR, JE N'IRAI PAS PAR QUATRE CHEMINS. ON NE VA PAS DIRE QUE C'EST UNE DÉCEPTION, MAIS POUR DES RAISONS POLITIQUES, IL EST VRAI QUE NOUS ATTENDIONS UN GARÇON, À CAUSE…

DU TRAITÉ
DE GUÉRANDE !
Montfort
Blois-Penthièvre
OUI... LE TRAITÉ DE GUÉRANDE, SIGNÉ IL Y A UN SIÈCLE PAR MES AÏEUX. LE CONTRÔLE DU DUCHÉ DE BRETAGNE PAR LA MAISON DES MONTFORTS REQUIERT UN HÉRITIER MÂLE...
... SINON, LA SUCCESSION REVIENDRAIT AUTOMATIQUEMENT AUX BLOIS-PENTHIÈVRE, NOS RIVAUX.

MON SEIGNEUR ...
J'AI PEUT-ÊTRE LA SOLUTION À NOS PROBLÈMES...
HEM !
C'ÉTAIT BIEN LA PEINE DE ME FAIRE VENIR SI C'EST POUR ME FAIRE ATTENDRE DEHORS !
AU FAIT, AEDAN, C'EST QUOI UN PAGE ?
IL ALLAIT CHERCHER CE QU'ON LUI DEMANDAIT OU PORTAIT DES MESSAGES POUR LES NOBLES ET LA FAMILLE DUCALE. ET PLEIN DE CHOSES ENCORE !
AU MOYEN ÂGE, UN PAGE ÉTAIT UN JEUNE GARÇON AU SERVICE D'UN SEIGNEUR. EN GRANDISSANT, IL POUVAIT DEVENIR ÉCUYER.

BON, MAIS QU'EST-CE QU'ON FAIT, MAINTENANT ?
QUAND EST-CE QUE JE POURRAI RENTRER CHEZ MOI ? ILS VONT BIEN VOIR QUE JE NE SUIS PAS D'ICI !
TU Y PENSERAS À DEUX FOIS, MAINTENANT, AVANT DE TITILLER L'ESPRIT BRETON D'UN KORRIGAN !
HA HA HAHA
« L'ESPRIT BRETON D'UN KORRIGAN » ! T'AS COMPRIS ?
...
TU POURRAS RENTRER CHEZ TOI QUAND TU AURAS APPRIS LA LEÇON.
ET NE T'INQUIÈTE PAS, JE SUIS LÀ POUR TE GUIDER !
BON, JE DOIS FILER ! À PLUS !
HÉ !
IL SE FICHE DE MOI...

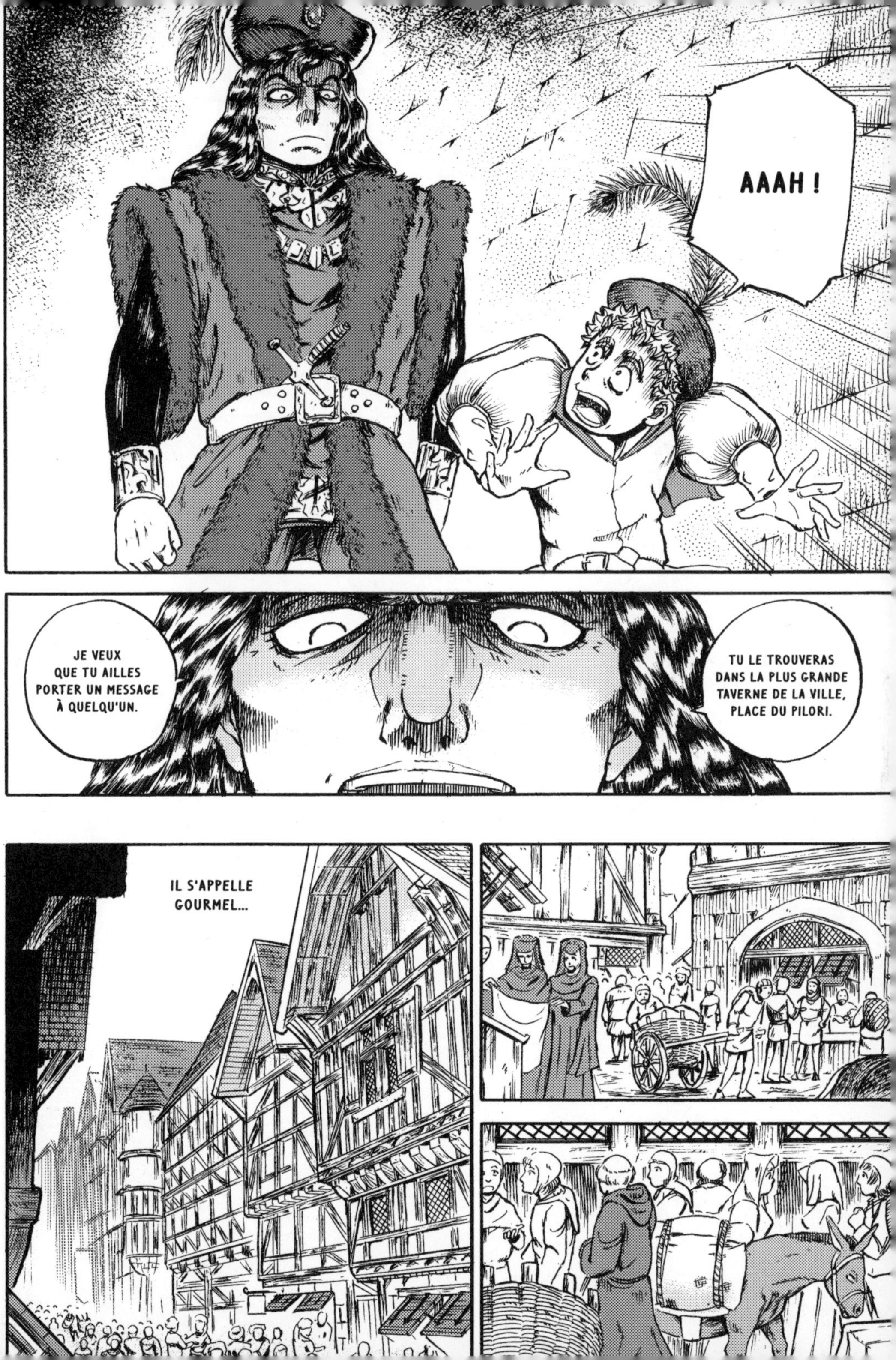
AAAH !
JE VEUX QUE TU AILLES PORTER UN MESSAGE À QUELQU'UN.
TU LE TROUVERAS DANS LA PLUS GRANDE TAVERNE DE LA VILLE, PLACE DU PILORI.
IL S'APPELLE GOURMEL...

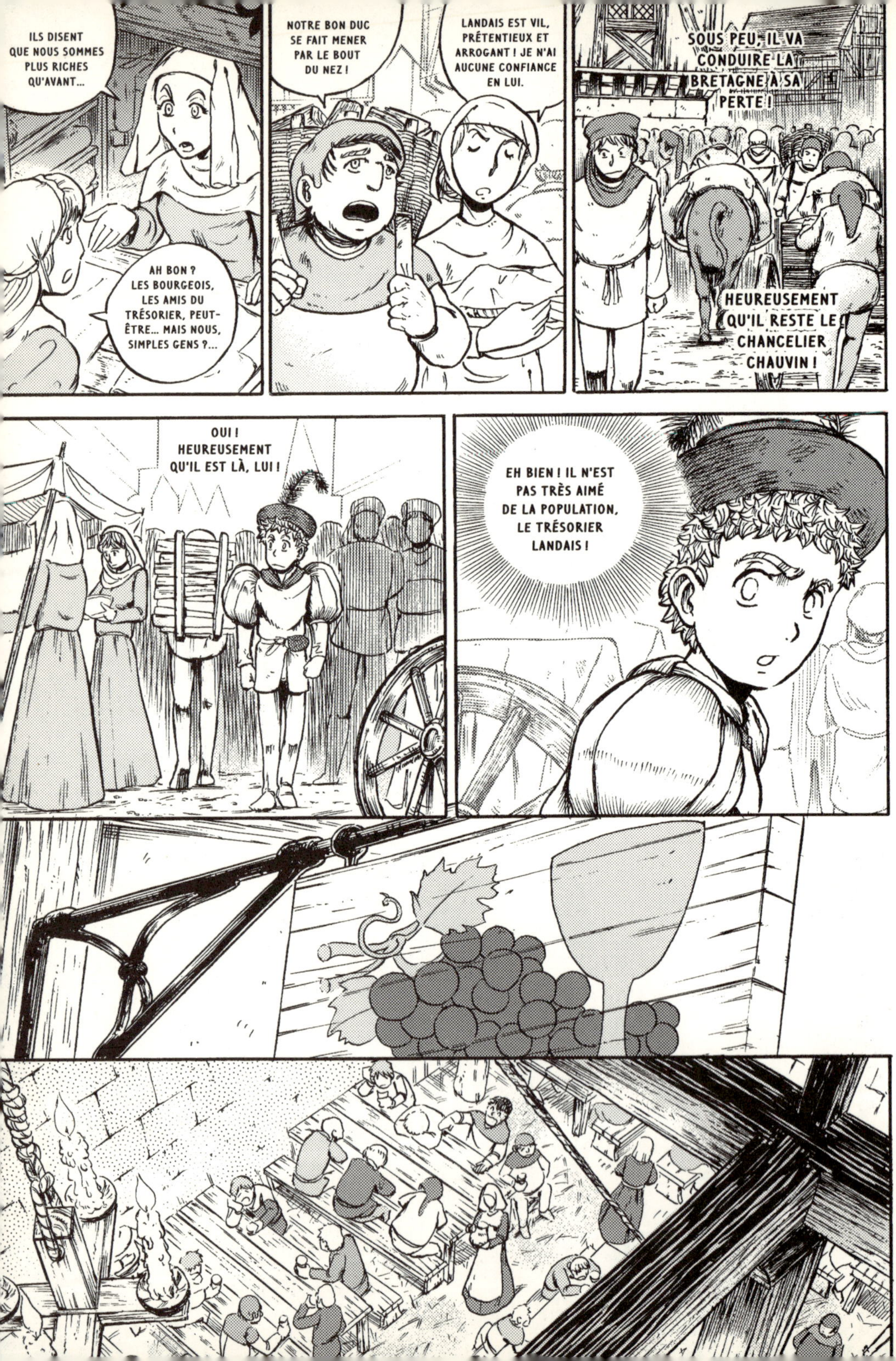
ILS DISENT QUE NOUS SOMMES PLUS RICHES QU'AVANT...
AH BON ? LES BOURGEOIS, LES AMIS DU TRÉSORIER, PEUT-ÊTRE... MAIS NOUS, SIMPLES GENS ?...
NOTRE BON DUC SE FAIT MENER PAR LE BOUT DU NEZ !
LANDAIS EST VIL, PRÉTENTIEUX ET ARROGANT ! JE N'AI AUCUNE CONFIANCE EN LUI.
SOUS PEU, IL VA CONDUIRE LA BRETAGNE À SA PERTE !
HEUREUSEMENT QU'IL RESTE LE CHANCELIER CHAUVIN !
OUI ! HEUREUSEMENT QU'IL EST LÀ, LUI !
EH BIEN ! IL N'EST PAS TRÈS AIMÉ DE LA POPULATION, LE TRÉSORIER LANDAIS !

OUAIS ! C'EST MOI, GOURMEL !
QU'EST-CE QUE TU M'VEUX ?
TU DIS QUE C'EST LANDAIS QUI T'ENVOIE ?
IL M'A DONNÉ CECI POUR VOUS.
CROQUE !
HA ! HA ! HA ! LES INTRIGUES DE PALAIS, J'ADORE ÇA !
EH BIEN, C'EST D'ACCORD, J'IRAI LE VOIR !
MAINTENANT, VA-T'EN ! ALLEZ, OUSTE !
JE N'AIME VRAIMENT PAS CE TYPE !

JE ME DEMANDE BIEN CE QUE LANDAIS ET CE GOURMEL MANIGANCENT...
AAAAHH !
GRMPF !
EH BIEN ! C'EST QU'IL AVAIT FAIM, LE PETIT PAGE ! À CROIRE QU'ON NE LE NOURRIT PAS DANS SA PROVINCE, OU ALORS ÇA N'EST PAS BON !
PAS BON ! LA NOURRITURE CHEZ MOI A UN GOÛT CHIMIQUE !
CHIMIQUE ? QU'EST-CE QUE ÇA VEUT DIRE ?
EUH... NON RIEN !
C'EST BON, ÇA ! QU'EST-CE QUE C'EST ?
DU CYGNE AUX ÉPICES !

C'EST VRAI QUE C'ÉTAIT BON !
MAIS QUAND MÊME, ILS ONT DES PLATS BIZARRES...
?
EN PARLANT DE TRUCS BIZARRES...
LÀ-BAS, SOUS CETTE CAPE...
C'EST GOURMEL !
QU'EST-CE QU'IL PEUT BIEN FAIRE AU CHÂTEAU À CETTE HEURE DE LA NUIT ?

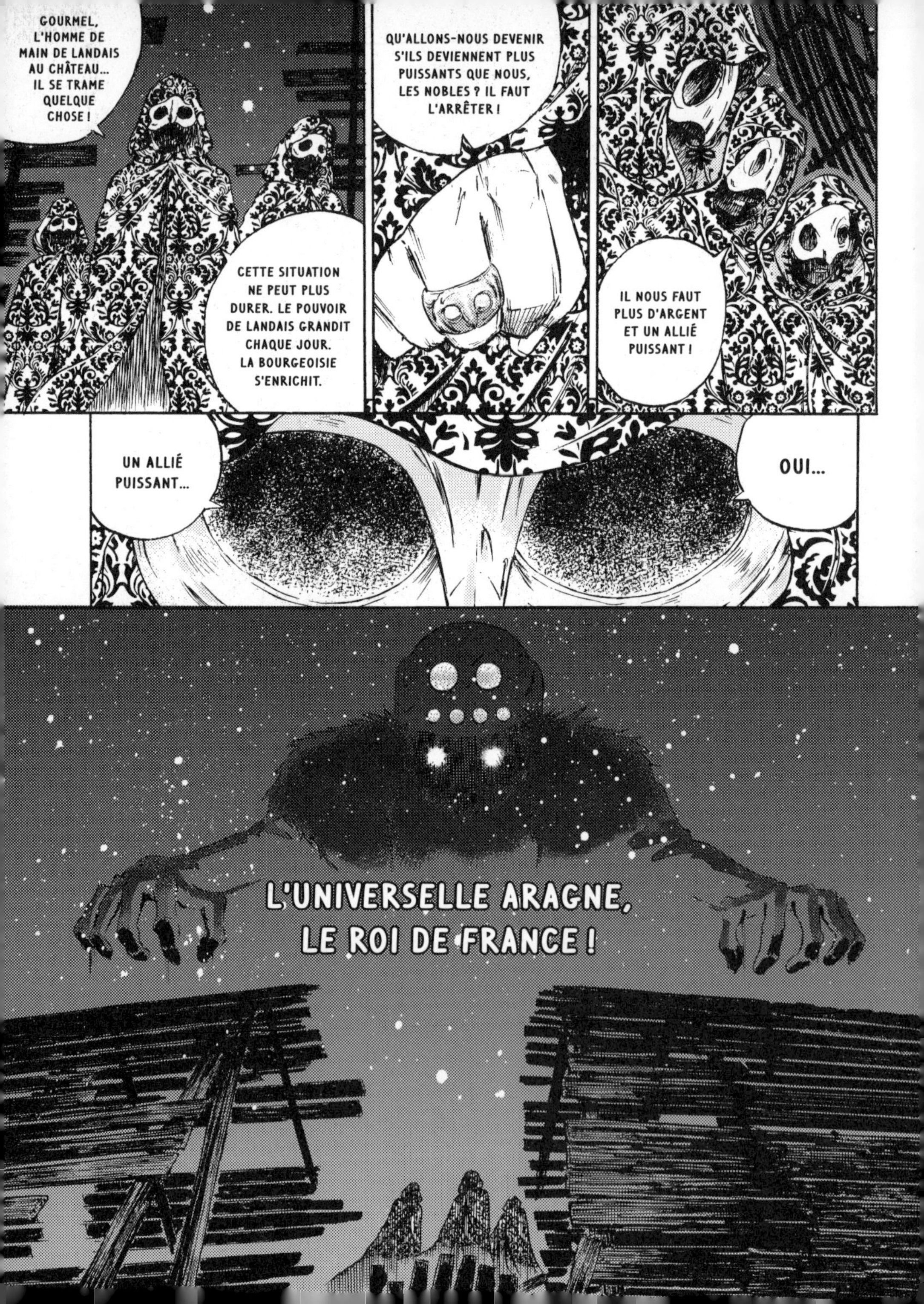
GOURMEL, L'HOMME DE MAIN DE LANDAIS AU CHÂTEAU... IL SE TRAME QUELQUE CHOSE !
CETTE SITUATION NE PEUT PLUS DURER. LE POUVOIR DE LANDAIS GRANDIT CHAQUE JOUR. LA BOURGEOISIE S'ENRICHIT.
QU'ALLONS-NOUS DEVENIR S'ILS DEVIENNENT PLUS PUISSANTS QUE NOUS, LES NOBLES ? IL FAUT L'ARRÊTER !
IL NOUS FAUT PLUS D'ARGENT ET UN ALLIÉ PUISSANT !
UN ALLIÉ PUISSANT...
OUI...
L'UNIVERSELLE ARAGNE, LE ROI DE FRANCE !

PARTIE 2

EUH...
QUI VA LÀ ?!!
EH, LEBELLOUR ! ARRÊTE DE JOUER LES GROS BRAS !
TU SAIS BIEN QUE J'APPORTE LES BONNETS POUR LE DUC TOUS LES MOIS !
HI HAN HI HAN
ALLEZ ! LAISSE-MOI PASSER, J'AIMERAIS ME REPOSER AVANT QUE LE MARCHÉ NE COMMENCE.
ILS SENTENT BON, MES BONNETS, HEIN ?! C'EST LE SAVOIR-FAIRE, ÇA !
AH, C'EST TOI, PIERRE !
J'AURAIS DÛ M'EN DOUTER, AVEC CE PARFUM DE VIOLETTE...
ÇA FAIT TRENTE-DEUX ANS QUE JE FAIS CE MÉTIER ET QUE JE VIENS À NANTES !
TU CRÈCHES TOUJOURS DANS CETTE MAISON AU BOUFFAY ?
TOUJOURS ! OUI ! DEPUIS TRENTE-DEUX ANS !

ALLEZ, DEBOUT ! C'EST L'HEURE !
BOM BOM BOM BOM BOM
BOM Bo
BEUH... !
RRRR
FROTTE- FROTTE-
HAN !
FINALEMENT, MA VIE DE COLLÉGIEN AVAIT DU BON... JE NE ME SUIS JAMAIS LEVÉ AUSSI TÔT POUR TRAVAILLER...
ET JE N'AI JAMAIS APPRIS À M'OCCUPER DES CHEVAUX... JE SUPPOSE QUE SI JE SAIS FAIRE TOUT ÇA, C'EST GRÂCE À TA MAGIE...
SWIP
JE N'ALLAIS PAS TE LAISSER SANS TALENT DE PAGE À CETTE ÉPOQUE ! ON T'AURAIT VITE DÉMASQUÉ, ACCUSÉ D'ESPIONNAGE ET CLOUÉ AU PILORI !
MOUAIS... EN REVANCHE, SI TU PEUX ME JETER UN SORT CONTRE LA FATIGUE, JE DIS PAS NON !

HEM...
MA CHÉRIE... IL VA VRAIMENT FALLOIR QUE TU ME LAISSES PARTIR !
OUIN ! OUIN !
JE TE PROMETS DE TE RAPPORTER UN CADEAU !
SNIF ! SNIF !
MAIS POURQUOI ALLER VOIR LE ROI ?
CE SONT LES ORDRES DU DUC.
IL VEUT SE CONCILIER LA BIENVEILLANCE DU ROI.
IL SAIT QUE L'ATTITUDE DE LANDAIS ENVERS LA FRANCE N'EST PAS TRÈS APPRÉCIÉE... ET IL FAUT BIEN QUE QUELQU'UN AILLE LUI PARLER SEREINEMENT.
FRSHH !

NE T'INQUIÈTE PAS. JE SUIS GUILLAUME CHAUVIN, CHANCELIER DE BRETAGNE.
LOUIS XI CONNAÎT MON AMITIÉ POUR LUI ET LE ROYAUME DE FRANCE. JE NE CRAINS RIEN !
TOUT DE MÊME... ESPÉRONS QUE LE COMPORTEMENT DE LANDAIS NE TE PORTERA PAS PRÉJUDICE !
JE REVIENDRAI VITE, PARIS N'EST QUÀ QUELQUES JOURS. NE TE FAIS PAS DE SOUCI.
SOLDATS !
EN AVANT !

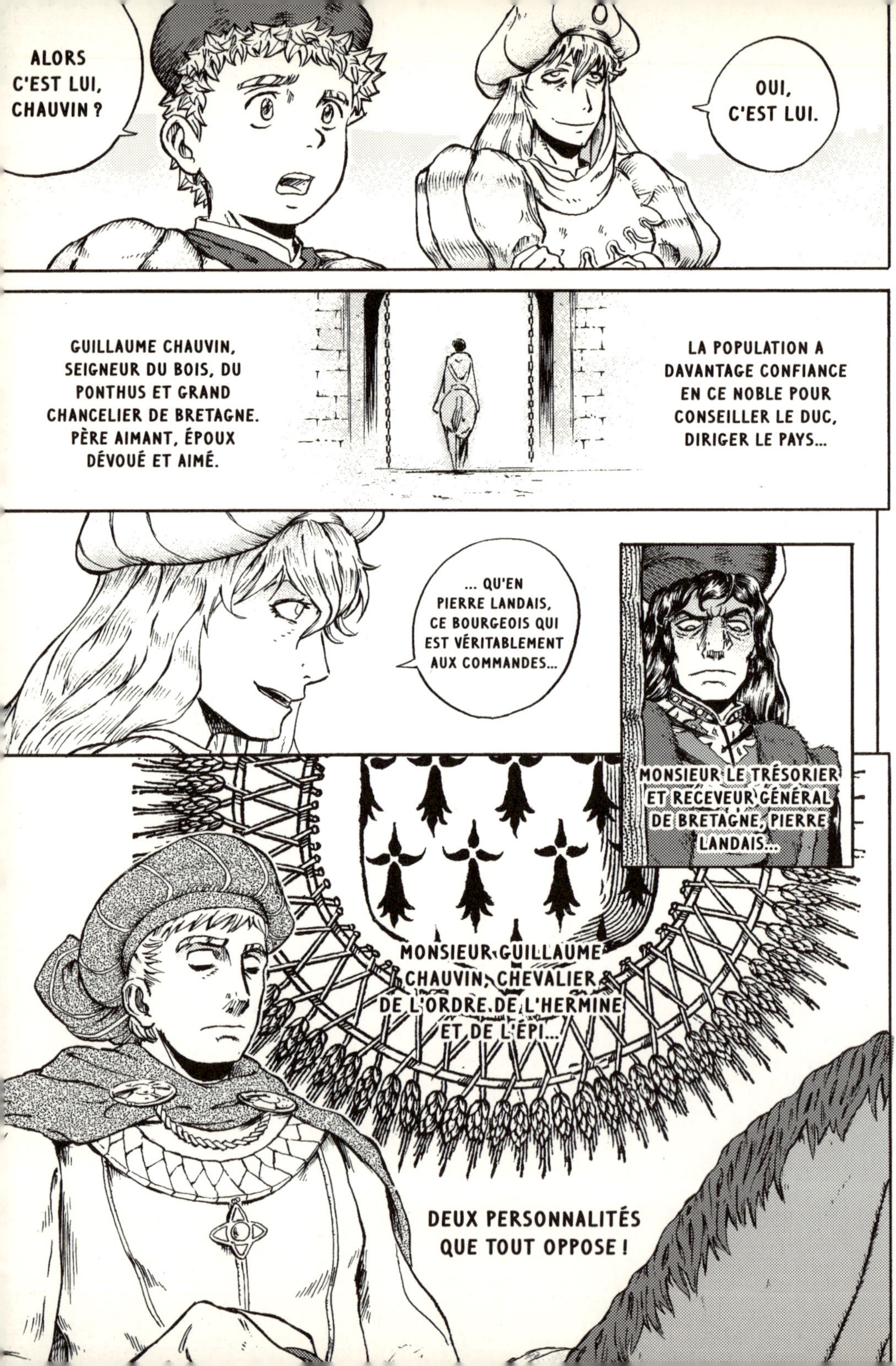
ALORS C'EST LUI, CHAUVIN ?
OUI, C'EST LUI.
GUILLAUME CHAUVIN, SEIGNEUR DU BOIS, DU PONTHUS ET GRAND CHANCELIER DE BRETAGNE. PÈRE AIMANT, ÉPOUX DÉVOUÉ ET AIMÉ.
LA POPULATION A DAVANTAGE CONFIANCE EN CE NOBLE POUR CONSEILLER LE DUC, DIRIGER LE PAYS...
... QU'EN PIERRE LANDAIS, CE BOURGEOIS QUI EST VÉRITABLEMENT AUX COMMANDES...
MONSIEUR LE TRÉSORIER ET RECEVEUR GÉNÉRAL DE BRETAGNE, PIERRE LANDAIS...
MONSIEUR GUILLAUME CHAUVIN, CHEVALIER DE L'ORDRE DE L'HERMINE ET DE L'ÉPI...
DEUX PERSONNALITÉS QUE TOUT OPPOSE !

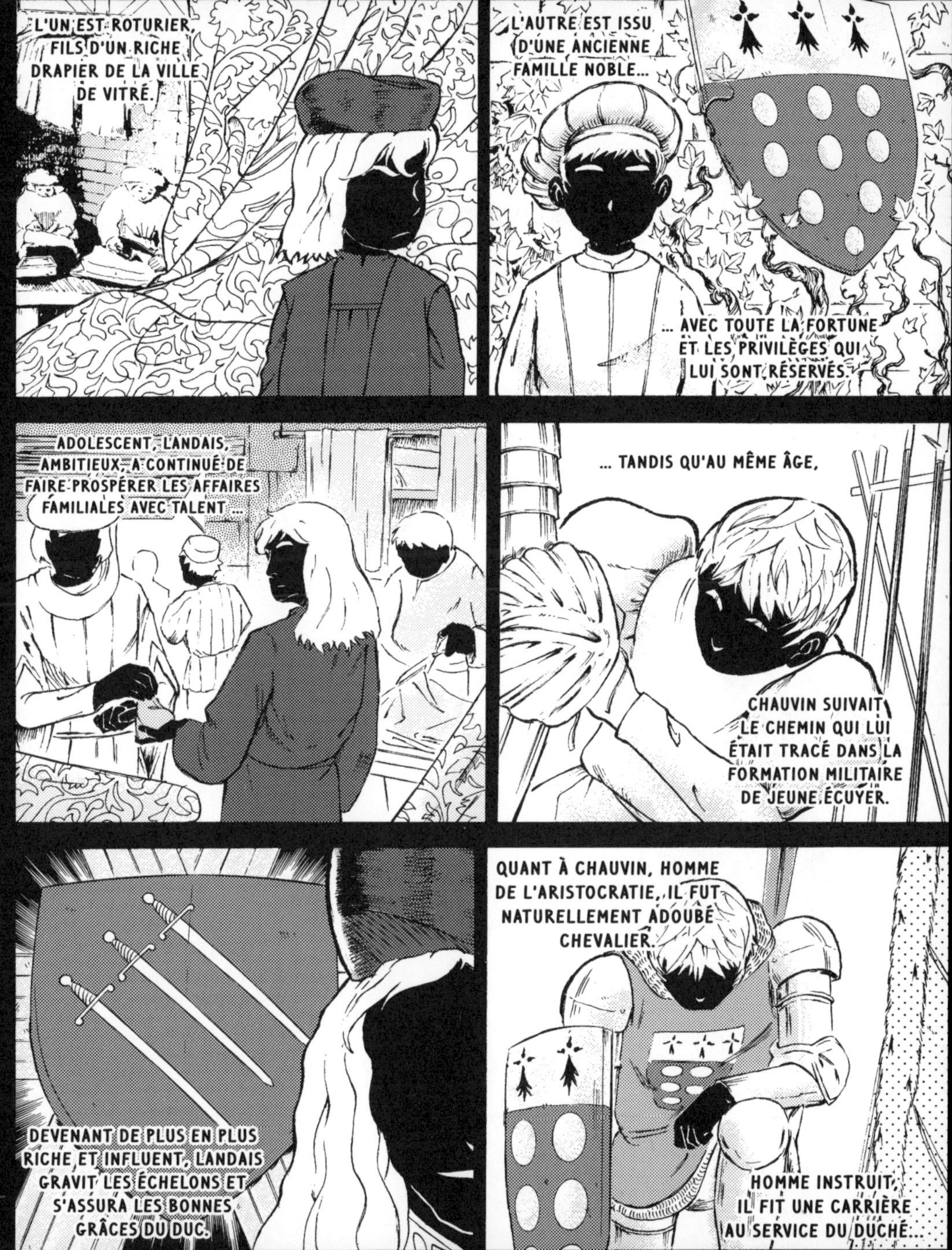
L'UN EST ROTURIER, FILS D'UN RICHE DRAPIER DE LA VILLE DE VITRÉ.
L'AUTRE EST ISSU D'UNE ANCIENNE FAMILLE NOBLE...
... AVEC TOUTE LA FORTUNE ET LES PRIVILÈGES QUI LUI SONT RÉSERVÉS.
ADOLESCENT, LANDAIS, AMBITIEUX, A CONTINUÉ DE FAIRE PROSPÉRER LES AFFAIRES FAMILIALES AVEC TALENT ...
... TANDIS QU'AU MÊME ÂGE,
CHAUVIN SUIVAIT LE CHEMIN QUI LUI ÉTAIT TRACÉ DANS LA FORMATION MILITAIRE DE JEUNE ÉCUYER.
DEVENANT DE PLUS EN PLUS RICHE ET INFLUENT, LANDAIS GRAVIT LES ÉCHELONS ET S'ASSURA LES BONNES GRÂCES DU DUC.
QUANT À CHAUVIN, HOMME DE L'ARISTOCRATIE, IL FUT NATURELLEMENT ADOUBÉ CHEVALIER.
HOMME INSTRUIT, IL FIT UNE CARRIÈRE AU SERVICE DU DUCHÉ...

LA VIE LES A AMENÉS À SERVIR CÔTE À CÔTE LE DUC ET LE DUCHÉ.
MAIS EN RÉALITÉ, À CAUSE DE LEURS ORIGINES ET DE LEURS PARCOURS RESPECTIFS...
LES DEUX HOMMES SE HAÏSSENT...
... ET SE LIVRENT DANS L'OMBRE UNE GUERRE SANS MERCI !
QUI VEUT MES BEAUX BONNETS PARFUMÉS À LA VIOLETTE ?
QUI VEUT, QUI VEUT MES BEAUX BONNETS ?

DES BONNETS NOIRS, DES BONNETS ROUGES PARFUMÉS À LA VIOLETTE…
… FABRIQUÉS COMME POUR VOTRE SEIGNEUR LE DUC !
MERCI, MA BONNE DAME ! AH, ATTENDEZ QUE JE VOUS RENDE LE CHANGE, C'EST COMPLIQUÉ CHEZ VOUS EN BRETAGNE, AVEC VOTRE PROPRE MONNAIE !
HÉ !
PAF
CLING
OH !
TU POURRAIS FAIRE ATTENTION !

JE SUIS VENU LE PLUS RAPIDEMENT POSSIBLE ...
MONSEIGNEUR !
TU SENTAIS LA VINASSE ET MAINTENANT, TU PUES L'OR À PLEIN NEZ !
?
CETTE LETTRE EST D'UNE IMPORTANCE CAPITALE ! SOIS DISCRET, BON SANG !
OUI, MONSEIGNEUR !

DEPUIS TA RENCONTRE AVEC LUI, GOURMEL A DE NOMBREUSES FOIS SERVI DE COURSIER POUR LANDAIS.
SES HABITS...
IL A L'AIR BIEN PLUS RICHE QUE LA DERNIÈRE FOIS QUE JE L'AI VU !
LANDAIS LE PAIE VRAIMENT BIEN !
C'EST VRAI, IL EST PLUS RICHEMENT HABILLÉ, MAIS CE N'EST PAS SEULEMENT GRÂCE À L'ARGENT DE LANDAIS !
QU'EST-CE QUE TU VEUX DIRE ?
D'OÙ LUI VIENDRAIT CET ARGENT, ALORS ?
HA HA HA ! TU DEVIENS DE PLUS EN PLUS CURIEUX, ÇA FAIT PLAISIR !
ACCROCHE-TOI...
JE T'EMMÈNE FAIRE UN PETIT VOYAGE !

OÙ SOMMES-
NOUS ?
AAHHH !!!

NOUS SOMMES À PARIS, AU PALAIS ROYAL.
NE T'INQUIÈTE PAS, ILS NE PEUVENT PAS NOUS VOIR !
VOICI ANNE DE FRANCE, AUSSI NOMMÉE ANNE DE BEAUJEU. UNE FEMME DOTÉE D'UNE GRANDE INTELLIGENCE ET D'UN FORT CARACTÈRE, COMME SON PÈRE, LE ROI LOUIS XI.
ILS ONT UNE MINE GRAVE. OÙ VONT-ILS TOUS ?
LOUIS XI VA PRÉSIDER UNE SÉANCE À LA COUR. IL Y A UN... « INVITÉ » DE MARQUE !
LE GARÇON À SES CÔTÉS EST CHARLES, SON FRÈRE. L'HÉRITIER DE LA COURONNE.
VIENS, SUIVONS-LES !

OH !!
OH !
MAIS C'EST LE CHANCELIER DE BRETAGNE !
C'EST CHAUVIN !
LIGOTÉ ET AMENÉ DEVANT LE ROI COMME UN VULGAIRE CRIMINEL ?!
ÇA A L'AIR GRAVE !
QU'A-T-IL BIEN PU SE PASSER ?
SIRE, SI JE VOUS AI FAIT QUELQUE TORT, DITES-EN-MOI LA RAISON !
JE NE COMPRENDS ABSOLUMENT PAS CE QUI SE PASSE !

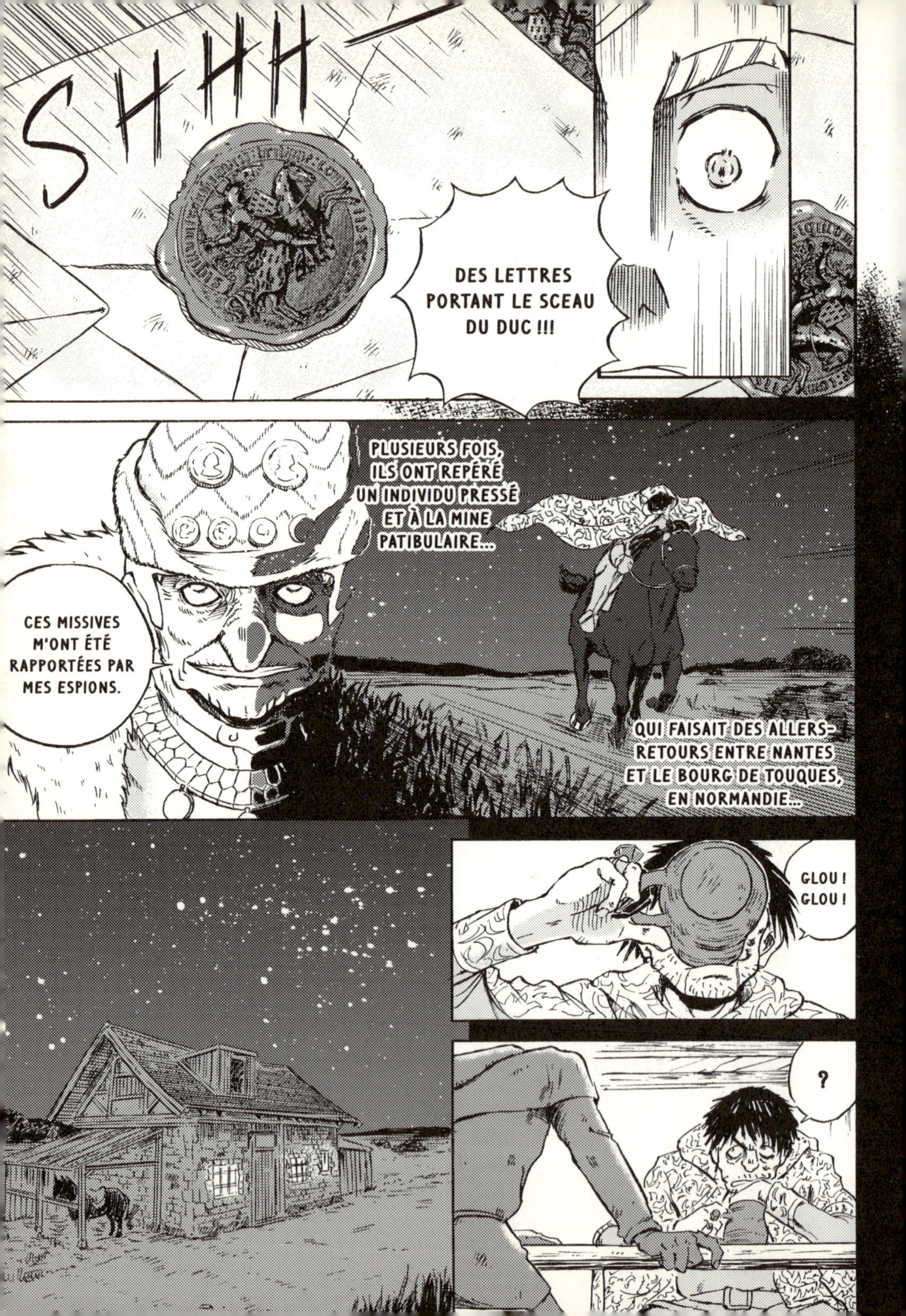
SHHH
DES LETTRES PORTANT LE SCEAU DU DUC !!!
PLUSIEURS FOIS, ILS ONT REPÉRÉ UN INDIVIDU PRESSÉ ET À LA MINE PATIBULAIRE...
CES MISSIVES M'ONT ÉTÉ RAPPORTÉES PAR MES ESPIONS.
QUI FAISAIT DES ALLERS-RETOURS ENTRE NANTES ET LE BOURG DE TOUQUES, EN NORMANDIE...
GLOU ! GLOU !
?

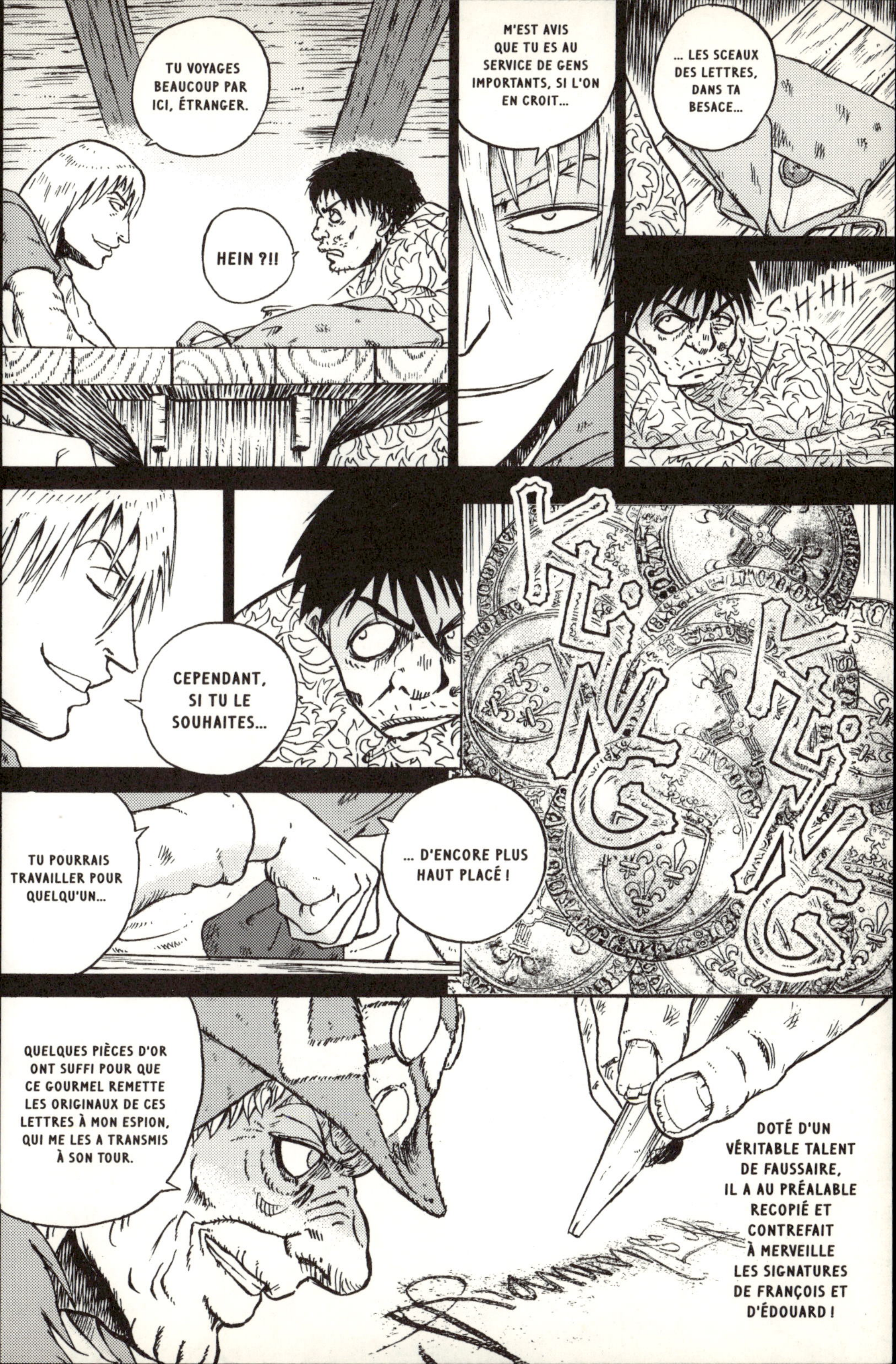
TU VOYAGES BEAUCOUP PAR ICI, ÉTRANGER.
HEIN ?!!
M'EST AVIS QUE TU ES AU SERVICE DE GENS IMPORTANTS, SI L'ON EN CROIT...
... LES SCEAUX DES LETTRES, DANS TA BESACE...
SHHH
CEPENDANT, SI TU LE SOUHAITES...
TU POURRAIS TRAVAILLER POUR QUELQU'UN...
... D'ENCORE PLUS HAUT PLACÉ !
KLING KLING
QUELQUES PIÈCES D'OR ONT SUFFI POUR QUE CE GOURMEL REMETTE LES ORIGINAUX DE CES LETTRES À MON ESPION, QUI ME LES A TRANSMIS À SON TOUR.
DOTÉ D'UN VÉRITABLE TALENT DE FAUSSAIRE, IL A AU PRÉALABLE RECOPIÉ ET CONTREFAIT À MERVEILLE LES SIGNATURES DE FRANÇOIS ET D'ÉDOUARD !

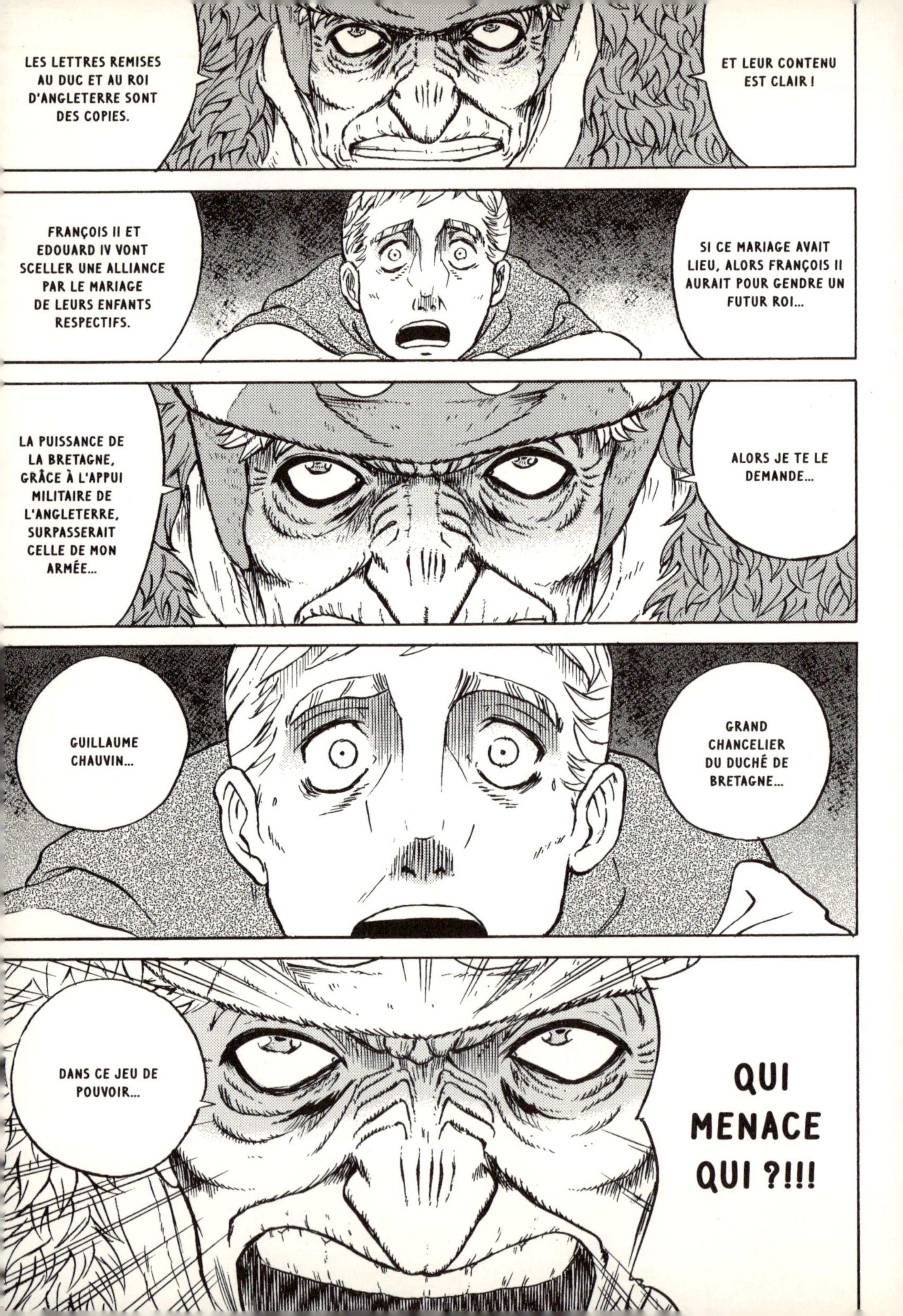

LES LETTRES REMISES AU DUC ET AU ROI D'ANGLETERRE SONT DES COPIES.
ET LEUR CONTENU EST CLAIR !
FRANÇOIS II ET EDOUARD IV VONT SCELLER UNE ALLIANCE PAR LE MARIAGE DE LEURS ENFANTS RESPECTIFS.
SI CE MARIAGE AVAIT LIEU, ALORS FRANÇOIS II AURAIT POUR GENDRE UN FUTUR ROI...
LA PUISSANCE DE LA BRETAGNE, GRÂCE À L'APPUI MILITAIRE DE L'ANGLETERRE, SURPASSERAIT CELLE DE MON ARMÉE...
ALORS JE TE LE DEMANDE...
GUILLAUME CHAUVIN...
GRAND CHANCELIER DU DUCHÉ DE BRETAGNE...
DANS CE JEU DE POUVOIR...
QUI MENACE QUI ?!!!

SIRE !!!
JE SUIS INNOCENT ET ÉTRANGER À TOUTE CETTE AFFAIRE !!
S'IL Y A QUELQU'UN À BLÂMER, C'EST LANDAIS ! DEPUIS QUE CET HOMME EST À LA TÊTE DU TRÉSOR, SON INFLUENCE SUR LE DUC NE CESSE DE GRANDIR, C'EST LUI LE COUPABLE !
HA HA HA ! NE T'INQUIÈTE PAS. TU VAS RETOURNER EN BRETAGNE SAIN ET SAUF, ET TRANSMETTRE UN MESSAGE DE MA PART AU DUC...
... ET À LANDAIS.
EMMENEZ-LE !
AEDAN, C'EST QUOI LE MESSAGE DU ROI QUE CHAUVIN DOIT TRANSMETTRE AU DUC ?
HA HA HA ! EH BIEN, TU ES DE PLUS EN PLUS CURIEUX !
TRÈS BIEN ! RETOURNONS À LA COUR DU DUC...

… QUELQUES SEMAINES APRÈS CET ÉVÉNEMENT.
COMMENT ??!
QUE DIS-TU ?!
SON ALTESSE…
LE ROI LOUIS XI A RACHETÉ POUR 50 000 LIVRES LES DROITS SUCCESSORAUX DES PENTHIÈVRE !
LE TRAITÉ DE GUÉRANDE…
LE ROI A RACHETÉ LES DROITS SUCCESSORAUX DU TRAITÉ DE GUÉRANDE !
EH BIEN, IL Y A UN SIÈCLE…
QU'EST-CE QUI SE PASSE, AEDAN ?
POURQUOI LES GENS ONT-ILS L'AIR SI INQUIET ?

ICI, LA BATAILLE D'AURAY DU 29 SEPTEMBRE 1364, ENLUMINURE DE LA *COMPILATION DES CHRONIQUES ET HISTOIRES DE BRETAGNE*, 1480, PAR PIERRE LE BAUD.

LE ROI DE FRANCE ! COMMENT ?!
KRAK
COMMENT A-T-IL SU POUR LES LETTRES ?!!
JE... JE SENS SON EMPRISE SUR LE DUCHÉ !
SUR MA PERSONNE !
DES ESPIONS ! IL Y A DES ESPIONS PARTOUT !
DANS LES CAMPAGNES !
DANS LES VILLES !
PARMI MES ENNEMIS JURÉS...
LA NOBLESSE... !!
PERSONNE NE ME VOLERA CE QUE J'AI MIS TANT DE TEMPS À CONSTRUIRE !
MA CARRIÈRE, MA FORTUNE, MON STATUT !

CHAUVIN...
CHAUVIN !!!
C'EST LUI...! C'EST LUI QUI A PARLÉ DES LETTRES AU ROI ! C'EST LUI QUI A INTRIGUÉ EN SE SERVANT DE CETTE CLAUSE DE SUCCESSION DU TRAITÉ !! C'EST LUI !
LUI, LA NOBLESSE ET LES ESPIONS DU ROI !!!
GARDES !
GARDES !!
TAK TAK TAK
TAK TAK TAK
CLAK
FAITES SURVEILLER ET ARRÊTER TOUS CEUX QUI, DE PRÈS OU DE LOIN, ONT QUELQUE AFFAIRE AVEC LA FRANCE ET LE CHANCELIER !
DÉFENDEZ LES REMPARTS, LES TOURS DE LA VILLE ET DU CHÂTEAU ! APPRÊTEZ LES CANONS !
LA BRETAGNE EST EN DANGER ! LA BRETAGNE EST EN ÉTAT DE GUERRE !!!

VRRAAK
GUILLAUME CHAUVIN !
PAR ORDRE DU TRÉSORIER DE BRETAGNE, PIERRE LANDAIS...
JE VOUS ARRÊTE POUR TRAHISON ET INTELLIGENCE AVEC LE ROI DE FRANCE !
AAAHHH !!!

PARTIE 3

IIIIKKKKKRRRRRRR
TAK TAK
TAK TAK TAK
PAK PAK
BANG BANG
AEDAN...
IL Y A DAVANTAGE DE TRAVAUX OU JE ME TROMPE ?
LANDAIS A AUGMENTÉ LES IMPÔTS POUR PERMETTRE LE RENFORCEMENT DES REMPARTS DU CHÂTEAU ET DE LA VILLE... MÊME DU PAYS !
LE CHÂTEAU SE PRÉPARE À LA GUERRE. LE MOMENT VENU, TOUTE LA POPULATION DEVRA DÉFENDRE LA CITÉ.

DES PLUS PAUVRES PAYSANS QUI NE PEUVENT SE PAYER UNE PROTECTION...
... AUX PLUS GRANDS SEIGNEURS QUI PORTENT DES ARMURES COMPLÈTES.
MAIS IL NE FAUT PAS SE FAIRE D'ILLUSIONS... LES CHEVALIERS HÉROÏQUES SUR UN CHAMP DE BATAILLE N'ONT JAMAIS EXISTÉ...
LA GUERRE EST ET RESTERA TOUJOURS UNE IGNOMINIE !
ET CE SONT TOUJOURS LES GENS LES PLUS DÉFAVORISÉS QUI ONT LE PLUS À PERDRE...
VOOUSHH
AAAHHH !!!
TAP

C'EST ANNE ?!
ELLE A GRANDI...!

IL NE FAUT PAS AVOIR PEUR DE MERLIN, GAËL !
MERLIN ?
OUI, COMME MERLIN L'ENCHANTEUR. C'EST LE FAUCON DE CHASSE DE PAPA. C'EST MOI QUI LUI AI DONNÉ SON NOM.
TU CONNAIS MERLIN ET ARTHUR ET LES CHEVALIERS DE LA TABLE RONDE ?
BAH OUI, J'AI VU LE DESSIN ANIMÉ DE DISN...
PAF
C'EST AEDAN QUI LUI APPREND CES HISTOIRES !
IL N'Y A QUE LES TROUVÈRES* QUI LES RACONTENT AUSSI BIEN !
FLAP FLAP
* ON CONNAÎT MIEUX LE TERME "TROUBADOUR" : CELUI-CI SIGNIFIE LA MÊME CHOSE, MAIS POUR LA PARTIE NORD DE LA FRANCE.

J'ADORE LES HISTOIRES DES CHEVALIERS DE LA TABLE RONDE ! IL Y A LE ROI ARTHUR, LANCELOT ET PERCEVAL QUI VONT CHERCHER LE GRAAL !
LES CHEVALIE
SONT FORTS
COURAGEUX
ILS SE BATTEN
POUR LEUR PA
POUR L'AMOU
DE LEUR DAME
POUR LA GLOI
DE DIEU !

PAPA !
HA HA HA !
LES CHIENS ET LES FAUCONS SONT PRÊTS. NOUS POUVONS PARTIR À LA CHASSE, MONSEIGNEUR.
MONSIEUR AEDAN ET MESSIRE GAËL, VENEZ VOUS JOINDRE À NOUS !
JE SUIS SÛR QU'ANNE SERA RAVIE DE VOUS AVOIR EN SA COMPAGNIE.

OUAF ! OUAF !
ÇA FAIT DU BIEN DE SORTIR UN PEU DU CHÂTEAU ET DE NE PLUS ENTENDRE LE BRUIT DES TRAVAUX !
OUI, ÇA NOUS CHANGE !
LE CHANTIER EST PLUS LONG QUE PRÉVU...
J'AIMERAIS QUE TU VIVES PLUS CONFORTABLEMENT, ANNE, MAIS À CAUSE DES RÉCENTS ÉVÉNEMENTS...
...L'ARGENT QUI DEVAIT ÊTRE UTILISÉ POUR LA RESTAURATION DE NOS APPARTEMENTS SERT POUR LE RENFORCEMENT DES REMPARTS DU CHÂTEAU...
... ET DES FORTERESSES QUI FORMENT LES MARCHES DE BRETAGNE... JE SAIS QUE C'EST FATIGANT.

JE COMPRENDS, PÈRE, MAIS TU M'AS DIT QUE C'EST POUR PROTÉGER NOTRE BRETAGNE DE NOS ENNEMIS, ALORS JE COMPRENDS.
IL FAUT PROTÉGER ET S'OCCUPER DE NOS GENS. C'EST LE RÔLE D'UN SEIGNEUR ET DE NOTRE FAMILLE, C'EST TOI QUI ME L'AS APPRIS.
BIENTÔT NOTRE CHÂTEAU SERA AUSSI BEAU QUE CAMELOT, LE CHÂTEAU D'ARTHUR !
HA HA HA !
CAMELOT, LES CHEVALIERS DE LA TABLE RONDE ET LEURS HISTOIRES D'AMOUR...
ANNE A BEAU N'ÊTRE QU'UNE PETITE FILLE, ELLE SAIT LE POIDS QUI PÈSE SUR SES ÉPAULES ...
ET LE RÔLE QUI SERA LE SIEN DANS LA POLITIQUE DU PAYS.
EUH... FAUT PAS POUSSER ! JE SUIS ENCORE UN GAMIN ET...
LA POLITIQUE, J'Y COMPRENDS RIEN ! ALORS ANNE...
ANNE EST VRAIMENT UNE PETITE FILLE !
C'EST PARCE QUE VOUS, LES GAMINS DU XXIe SIÈCLE, VOUS NE PENSEZ QU'À LIRE DES MANGAS !
PAF
AÏE !

TU AS RENCONTRÉ LA COMTESSE DE LAVAL, LA GOUVERNANTE D'ANNE.
TU AS BIEN VU QU'ELLE ÉTAIT DU GENRE SÉVÈRE.
SOIS SÛR QU'ELLE TIENT L'ÉDUCATION D'ANNE D'UNE MAIN DE FER !
LA RELIGION, LA PIÉTÉ...
LA FAÇON DONT UNE FUTURE DUCHESSE OU UNE PRINCESSE DOIT TENIR SON RANG À LA COUR ET DEVANT LE PEUPLE.
ANNE EST L'HÉRITIÈRE DU DUCHÉ, SA VIE EST BIEN ÉLOIGNÉE DE CELLE DES ENFANTS DE TON ÉPOQUE.
WOAF
WOAF
WOAF
ELLE EST BIEN CONSCIENTE D'ÊTRE UN INSTRUMENT D'ÉCHANGE POUR ASSURER LA SURVIE ET LA SÉCURITÉ DE SON PAYS.
SSHHHHH

LE DUC NE LAISSE RIEN PARAÎTRE POUR RASSURER ANNE EN L'EMMENANT À LA CHASSE AUJOURD'HUI, MAIS LA SITUATION EST GRAVE.
LA BRETAGNE SEMBLE BIEN DÉMUNIE DEVANT L'ARMÉE FRANÇAISE. LE DUC ESSAIE DE TROUVER UN ALLIÉ PUISSANT POUR LUTTER.
LOUIS XI A RÉUSSI SES MANŒUVRES ;
CE N'EST PAS POUR RIEN QU'ON L'APPELLE L'« UNIVERSELLE ARAGNE » !
COMME UNE ARAIGNÉE AU CENTRE DE SA TOILE, IL MANIPULE ET ACTIVE SES PIÈCES GRÂCE AU RÉSEAU QU'IL A TISSÉ.
LANDAIS EST TOMBÉ DANS LE PANNEAU. LE DUCHÉ VIT DES HEURES NOIRES. TOUS LES COUPS SONT PERMIS. EN CE MOMENT MÊME, LANDAIS FAIT ARRÊTER CHAUVIN ET PLUSIEURS AUTRES DIGNITAIRES SONT SURVEILLÉS.
DANS UN CONTEXTE AUSSI SOMBRE...
QUI POURRAIT LA BLÂMER DE VOULOIR TROUVER REFUGE DANS LES HISTOIRES DU ROI ARTHUR ET DE L'ENCHANTEUR ?

RRRRR
OH NON !
L'HERMINE EST ARRÊTÉE PAR UNE MARE DE BOUE !
RRR

NON !
LAISSEZ-LA TRANQUILLE !

* « PLUTÔT LA MORT QUE LA SOUILLURE » EST UNE DEVISE DU DUCHÉ DE BRETAGNE.

BONSOIR, SIRE ! BONSOIR...
NOUS AVONS SUIVI VOS INSTRUCTIONS À LA LETTRE...
IL EST DANS CETTE CELLULE.
BIEN AU CHAUD !

LANDAIS !
LIBÉREZ-MOI !
C'EST UN MALENTENDU !
LA FRANCE OU LE ROI NE M'INTÉRESSENT PAS !
MON AMOUR POUR DIEU, MA FEMME, MES ENFANTS ET LA BRETAGNE, C'EST LE SENS DE MA VIE !
MENSONGES ! VOUS ET VOS AMIS LES NOBLES ÊTES JALOUX ! JALOUX DE MA RÉUSSITE, JALOUX DE MON POUVOIR ! DEPUIS LONGTEMPS, VOUS INTRIGUEZ, PACTISEZ AVEC NOS ENNEMIS !
VOUS VOUS VENDEZ AU PLUS OFFRANT QUAND VOS PENSIONS MANQUENT ! SI LA BRETAGNE SE PORTE À MERVEILLE AUJOURD'HUI, C'EST GRÂCE À MOI !
ALORS NE ME PARLEZ PAS DE VOTRE AMOUR POUR LE PAYS...
VOUS ÊTES RIDICULE !

JE SAIS QUE VOUS ÊTES À LA TÊTE D'UNE CONJURATION QUI VISE À NOUS RENVERSER, MOI ET LE DUC...
MAIS JE NE SUIS À LA TÊTE D'AUCUNE CONJURATION CONTRE VOUS OU LE DUC ! JE SUIS INNOCENT ! INNOCENT !
PEU IMPORTE... VOUS POUVEZ PROFÉRER VOS MENSONGES AUTANT QUE VOUS LE SOUHAITEZ À PRÉSENT.
ENTRE CES MURS, PERSONNE NE POURRA LES ENTENDRE...
LANDAIS, LAISSEZ-MOI SORTIR ! JE VOULAIS JUSTE PROTÉGER LA BRETAGNE D'UN CONFLIT OUVERT AVEC LE ROI !
JE SUIS INNOCENT ! LANDAIS ! LANDAIS !!
IIIIIIIIKKKK
LAND...

CHAUVIN, CELUI QUI POUVAIT ENCORE INFLÉCHIR LE DUC DANS LE GOUVERNEMENT DU PAYS, EST DÉSORMAIS EN PRISON...
LANDAIS EST PLUS PUISSANT QUE JAMAIS...
MALÉ-DICTION !

PARIS
TAKTAKTAKTAKT
LE ROI !
JE DOIS VOIR LE ROI !
JUSTICE ! JUSTICE !
JUSTICE !
JUSTICE !

PARTIE 4
DANS TOUT PARIS, TU RÉCLAMES À GORGE DÉPLOYÉE LA JUSTICE DU ROI, POUR CE QUE LANDAIS T'A FAIT SUBIR EN BRETAGNE.
TOI, QUI N'ES QU'UN SIMPLE MARCHAND DE BONNETS ?
MON PÈRE, LE ROI LOUIS, EST UN HOMME PUISSANT, OCCUPÉ. POURQUOI TE RECEVRAIT-IL…
ESTIME-TOI HEUREUX QUE JE T'ACCORDE AUDIENCE.
ALORS, QU'AS-TU D'AUSSI IMPORTANT À ME DIRE SUR LA BRETAGNE ET SUR LANDAIS ?

LES SOLDATS DU DUC... ILS...
ILS SONT VENUS, À PLUSIEURS ET ARMÉS, ME CHERCHER CETTE NUIT-LÀ À NANTES...
ILS M'ONT LIGOTÉ, EMMENÉ ET JETÉ DANS UNE CELLULE ! C'ÉTAIT SALE ET HUMIDE !
J'Y SUIS RESTÉ DE NOMBREUSES SEMAINES, SANS QUE JE SACHE POURQUOI !
ET PUIS UN JOUR...
SUR ORDRE DU TRÉSORIER PIERRE LANDAIS, AU NOM DU PRINCE FRANÇOIS II DE MONTFORT, DUC DE BRETAGNE...
VOUS, PIERRE LE TONNELIER, MARCHAND BONNETIER, ÊTES EN ÉTAT D'ARRESTATION POUR TENTATIVE D'EMPOISONNEMENT SUR LA PERSONNE DE SA SEIGNEURIE LE DUC ET ESPIONNAGE DU DUCHÉ DE BRETAGNE POUR LE COMPTE DE LOUIS XI, ROI DE FRANCE ! AVOUE TON CRIME !!!
QUOI ?!! EMPOISONNEMENT ?
MAIS NON ! C'EST FAUX !
RASEZ-LUI LA TÊTE !

ILS M'ONT ACCUSÉ D'AVOIR EMPOISONNÉ LES BONNETS PARFUMÉS QUE J'AVAIS FABRIQUÉS POUR LE DUC ET...
ILS M'ONT FORCÉ À LES PORTER TOUS !
CHAQUE JOUR, ILS ME FAISAIENT PORTER UN BONNET DIFFÉRENT !
ILS ME RASAIENT LA TÊTE POUR QUE, SOI-DISANT...
LE POISON PÉNÈTRE PLUS VITE !
RRR
MAIS JE N'AI JAMAIS EMPOISONNÉ CES BONNETS, COMME JE N'AI JAMAIS VOULU PORTER ATTEINTE À LA VIE DE VOTRE DUC !
FINALEMENT, FAUTE DE PREUVES, ILS ONT CONSENTI À ME RELÂCHER.

PFFF...
HI HI HI...
HA HA HA !
HA HA HA HA HA HA

GARDES ! RECONDUISEZ CE BONNETIER À LA SORTIE…
ET DONNEZ-LUI UNE BOURSE ! IL L'A BIEN MÉRITÉE !
HA HA HA HA
HA HA !
HA HA HA HA HA
HA HA HA

HA
HA
HA !
COMMENT ALLEZ-VOUS, PÈRE ?
MIEUX. MIEUX, MA FILLE.
DES BONNETS EMPOISONNÉS... HA HA HA !
MAIS C'EST BIEN TROP INTELLIGENT POUR MOI !
JAMAIS JE N'AURAIS EU CETTE IDÉE !
CETTE HISTOIRE AURA AU MOINS EU LE MÉRITE D'ÉGAYER MA JOURNÉE !
DES BONNETS EMPOISONNÉS... IL VOIT DES COMPLOTS PARTOUT !
LANDAIS EST EN TRAIN DE PERDRE LE CONTRÔLE.

TU VOIS, ANNE : POURQUOI ENGAGER DES SOLDATS DANS UN CONFLIT ARMÉ QUI COÛTERA FORTUNE ET VIES HUMAINES ALORS QU'ON PEUT OBTENIR LE MÊME RÉSULTAT, LA DESTRUCTION DE L'ENNEMI, PAR LA RUSE ?
JE SAIS QUE TU ME COMPRENDS… CHARLES N'EST ENCORE QU'UN ENFANT… PAR LA COUTUME, IL EST DESTINÉ À ME SUCCÉDER, CERTES… MAIS IL EST DIFFÉRENT… TOI…
TOI, ANNE, TU ES COMME MOI…
BIENTÔT…
MAIS JE DIVAGUE…
LA MALADIE…
ÇA IRA MIEUX DANS QUELQUE TEMPS.
ALLONS, DIS-MOI, QU'EN EST-IL DE NOS « PENSIONNAIRES », DE NOS « NOBLES DÉBITEURS » BRETONS ?
LE TRÉSOR ROYAL EST EN MESURE DE SUPPORTER LA DÉPENSE.
TOUT SE PASSE EXACTEMENT SELON VOS PLANS, PÈRE !

LE ROI N'A PAS L'AIR BIEN... APPAREMMENT, IL PEUT COMPTER SUR SA FILLE. CETTE FEMME...
ELLE ET LUI ONT L'AIR D'AVOIR LE MÊME CARACTÈRE...!
LANDAIS N'EST PAS COMPLÈTEMENT PARANO.
LOUIS XI A BIEN DES ESPIONS PARTOUT EN BRETAGNE...
L'UNIVER-SELLE ARAGNE, TU TE SOUVIENS ?
MAIS CHUT...
?

ANNE ET SA SŒUR ISABEAU SUIVENT LE COURS D'HISTOIRE DE LA COMTESSE DE LAVAL...
ANNE, QUELLES SONT LES NEUF ANCIENNES BARONNIES DE BRETAGNE, ET LEUR BLASON, ET LEUR DEVISE ?
IL Y A LA BARONNIE D'ANCENIS. ELLE APPARTIENT À LA MAISON DES RIEUX. LEUR BLASON EST D'AZUR À DIX BESANTS D'OR POSÉS...
LEUR DEVISE EST : « À TOUT HEURE, BELLIER. »
POURSUIVEZ ! JE VOUS ÉCOUTE, ANNE.
EUH... IL Y A AUSSI LA BARONNIE DE...
MÊLEZ-VOUS DE CE QUI VOUS REGARDE, LANDAIS ! VOUS N'Y CONNAISSEZ RIEN DE TOUTE FAÇON !

JE SUIS LE MARÉCHAL DE BRETAGNE JEAN DE RIEUX, COMMANDANT SUPRÊME DES ARMÉES !
LAISSEZ-MOI LE SOIN DE DIRIGER MES TROUPES !
DÉFENDRE LE PAYS EST L'AFFAIRE DES NOBLES, PAS LA VÔTRE !
SOLDATS, REPRENEZ VOS POSTES !
LE SPECTACLE EST TERMINÉ !

DÉCIDÉMENT, LANDAIS N'A QUE DES ENNEMIS !
TAP
MADAME LA COMTESSE...
MONSIEUR LE BARON D'AVAUGOUR.
?

BIEN. MESDEMOISELLES, LA LEÇON EST TERMINÉE.
NOUS POURSUIVRONS LA PROCHAINE FOIS.
MONSIEUR LE BARON, VOTRE FRÈRE, VA VOUS EMMENER, VOUS ET NOS INVITÉS...
... AUPRÈS DE MADAME LA DUCHESSE VOTRE MÈRE.
HEIN ?! « VOTRE FRÈRE » ?!
FRANÇOIS D'AVAUGOUR EST BIEN LE FILS DE FRANÇOIS II.
IL EST NÉ VINGT ANS PLUS TÔT QU'ANNE, MAIS IL NE PEUT PRÉTENDRE À LA SUCCESSION DU DUCHÉ.
IL EST L'ENFANT ILLÉGITIME DU DUC ET DE SA MAÎTRESSE, ANTOINETTE DE MAIGNELAIS !
HEIN ?!

D'AVAUGOUR !
IL NOUS FAUT AVOIR UNE DISCUSSION SÉRIEUSE SUR LANDAIS ! ET CE, LE PLUS RAPIDEMENT POSSIBLE !
HEM !
EH BIEN, C'EST TENDU...!

CLING
CLING
CLAC
CLAC
TAK
TAK
TAK
TAK
TA
IL Y A BEAUCOUP DE SOLDATS...
LA VIE DU DUC ET DE SA FAMILLE EST EN DANGER.
ON PARLE D'ESPIONS, MAIS CE SONT SURTOUT LES ATTENTATS QU'IL FAUT REDOUTER.
TOUTE CETTE SÉCURITÉ, JE NE PENSE PAS QUE CE SOIT UN LUXE.

VOILÀ, NOUS SOMMES ARRIVÉS, ANNE, ISABEAU.
JE NE PENSE PAS QU'IL SERAIT APPROPRIÉ QUE JE VOUS ACCOMPAGNE PLUS AVANT.
VOTRE MÈRE...
DE PLUS, DES AFFAIRES M'ATTENDENT...
JE VAIS PRENDRE CONGÉ DE VOUS.
LE BARON D'AVAUGOUR...
IL SEMBLE AVOIR UN CŒUR DE PIERRE...
ET POURTANT...

AÏE !
QU'Y A-T-IL, ANNE ?
QU'EST-CE QUI NE VA PAS ?

FRANÇOIS...
FRANÇOIS A DIT QUE NOS VIES ÉTAIENT EN DANGER...
LE BARON D'AVAUGOUR... FAIT BIEN SON TRAVAIL.
TOI, TA SŒUR, TON PÈRE ET MOI, NOUS SOMMES BIEN PROTÉGÉS, IL N'Y A PAS LIEU DE S'INQUIÉTER.
OUI, JE SAIS BIEN. MAIS, ET LES AUTRES GENS ?
GRIP
LES AUTRES GENS ?

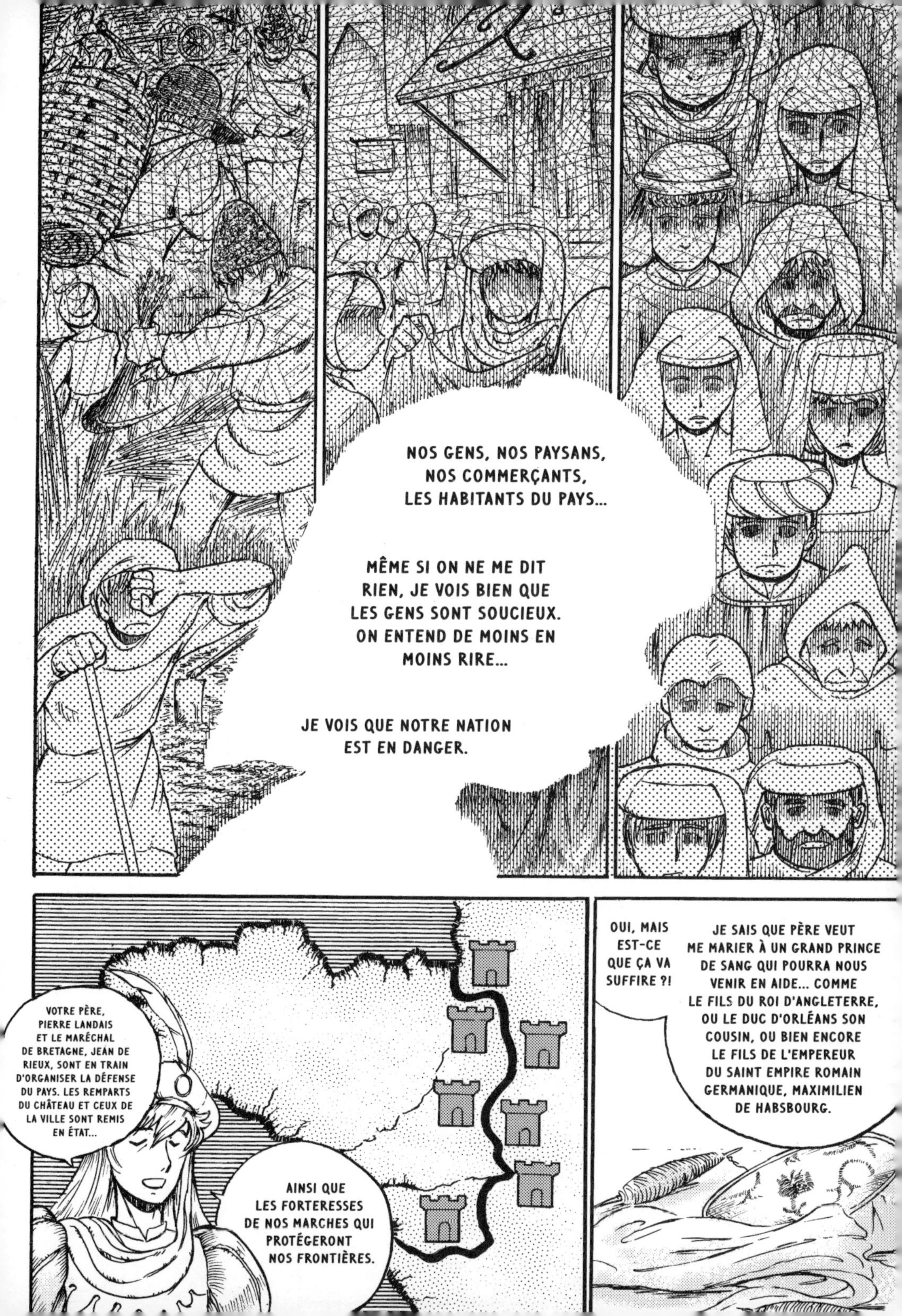
NOS GENS, NOS PAYSANS, NOS COMMERÇANTS, LES HABITANTS DU PAYS...
MÊME SI ON NE ME DIT RIEN, JE VOIS BIEN QUE LES GENS SONT SOUCIEUX. ON ENTEND DE MOINS EN MOINS RIRE...
JE VOIS QUE NOTRE NATION EST EN DANGER.
VOTRE PÈRE, PIERRE LANDAIS ET LE MARÉCHAL DE BRETAGNE, JEAN DE RIEUX, SONT EN TRAIN D'ORGANISER LA DÉFENSE DU PAYS. LES REMPARTS DU CHÂTEAU ET CEUX DE LA VILLE SONT REMIS EN ÉTAT...
AINSI QUE LES FORTERESSES DE NOS MARCHES QUI PROTÉGERONT NOS FRONTIÈRES.
OUI, MAIS EST-CE QUE ÇA VA SUFFIRE ?!
JE SAIS QUE PÈRE VEUT ME MARIER À UN GRAND PRINCE DE SANG QUI POURRA NOUS VENIR EN AIDE... COMME LE FILS DU ROI D'ANGLETERRE, OU LE DUC D'ORLÉANS SON COUSIN, OU BIEN ENCORE LE FILS DE L'EMPEREUR DU SAINT EMPIRE ROMAIN GERMANIQUE, MAXIMILIEN DE HABSBOURG.

MOI, FINALEMENT, JE VEUX BIEN ME MARIER, SI ÇA PEUT SAUVER DES VIES !
ANNE...
POUR L'AMOUR DE MON PAYS...
POUR L'AMOUR DE DIEU...
POUR MA FAMILLE...
ET L'AMOUR DE MON FUTUR ÉPOUX.

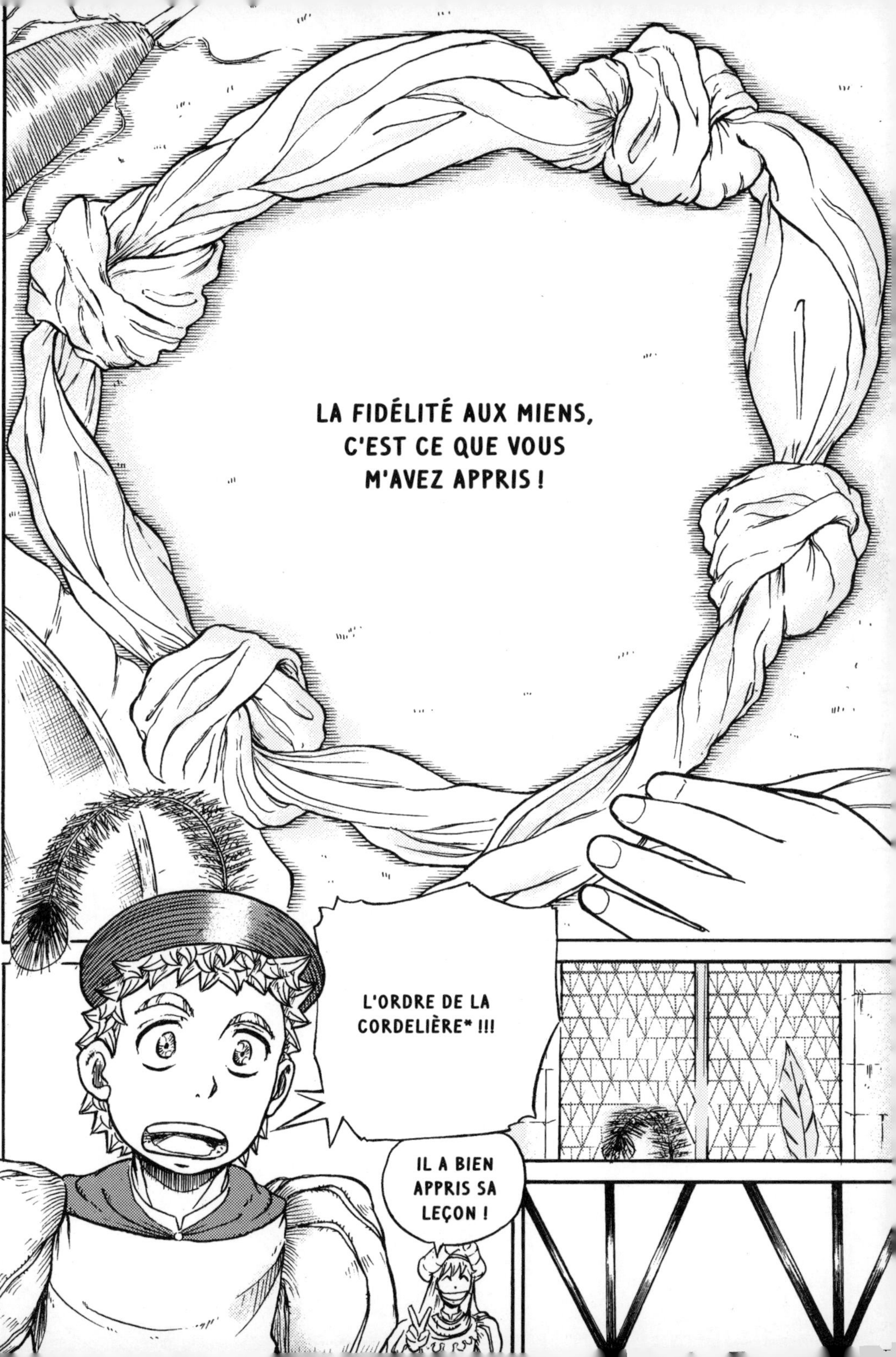

* ANNE DE BRETAGNE FONDE, VERS 1500, UN ORDRE FÉMININ (POUR DES FEMMES QU'ELLE JUGE D'EXCELLENTE MORALITÉ), AYANT POUR EMBLÈME « LA CORDELIÈRE » PORTÉE PAR LES MOINES FRANCISCAINS (UTILISÉE DÉJÀ PAR LES DERNIERS MONTFORTS DANS LEURS ARMOIRIES). IL S'AGIT DE L'ORDRE DE LA CORDELIÈRE.

SHHH...
SHHHH...
SHHH...
SHHH...
SHHH...

DONG
DONG
DONG
DONG
LE ROI EST MORT !
VIVE LE ROI !
VIVE LE ROI !
VIVE LE ROI CHARLES VIII !

VIVE LE ROI !
VIVE LE ROI CHARLES VIII !
VIVE LE ROI !
VIVE LE ROI !
FLAP
FLAP
FLAP
VIVE LE ROI !
VIVE LE ROI !
VIVE LE ROI !
VIVE LE ROI !

PARTIE 5

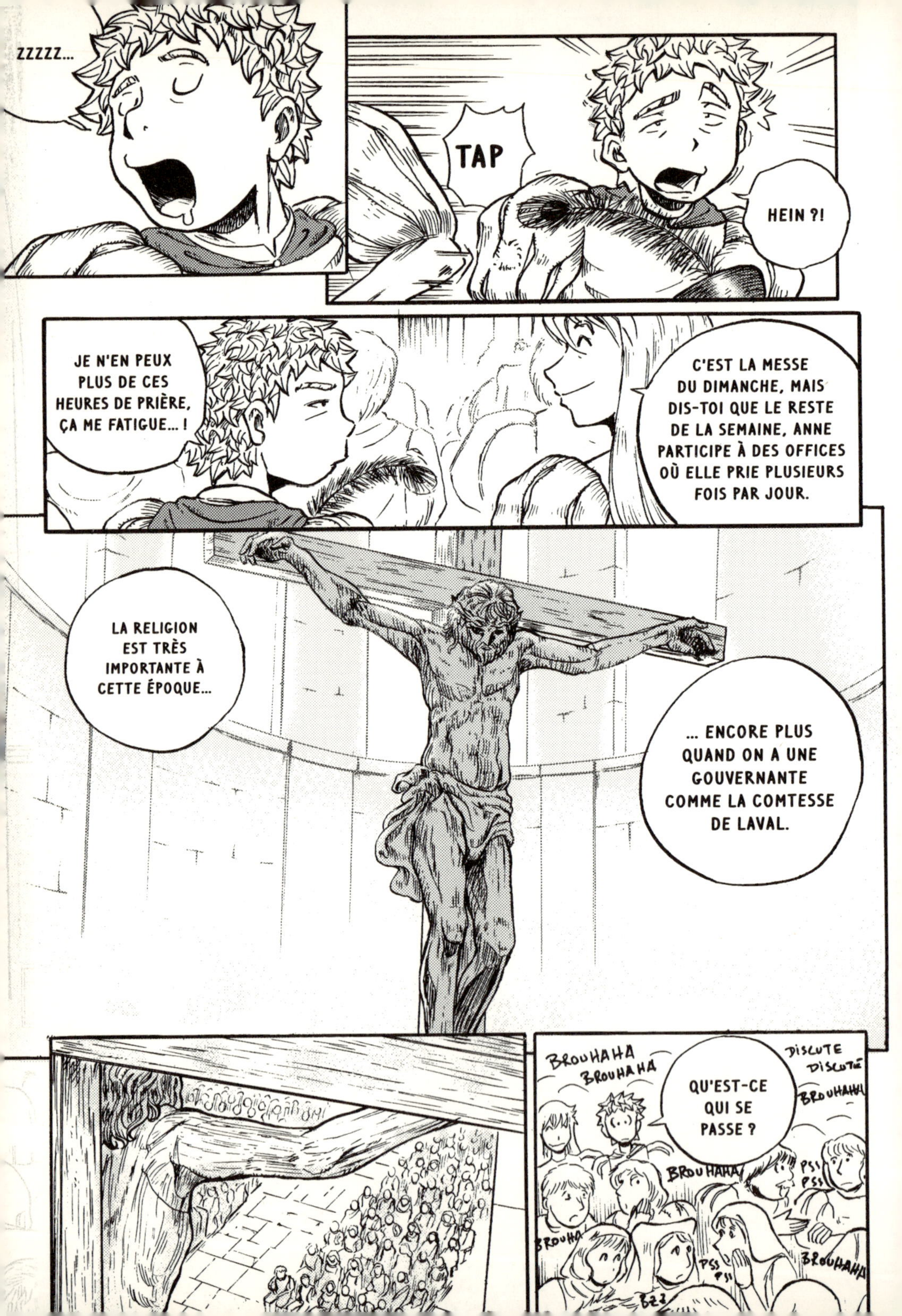
ZZZZZ...
TAP
HEIN ?!
JE N'EN PEUX PLUS DE CES HEURES DE PRIÈRE, ÇA ME FATIGUE... !
C'EST LA MESSE DU DIMANCHE, MAIS DIS-TOI QUE LE RESTE DE LA SEMAINE, ANNE PARTICIPE À DES OFFICES OÙ ELLE PRIE PLUSIEURS FOIS PAR JOUR.
LA RELIGION EST TRÈS IMPORTANTE À CETTE ÉPOQUE...
... ENCORE PLUS QUAND ON A UNE GOUVERNANTE COMME LA COMTESSE DE LAVAL.
BROUHAHA
BROUHAHA
DISCUTE
DISCUTE
QU'EST-CE QUI SE PASSE ?
BROUHAHA
BROUHAHA
PSS PSS
BROUHA
PSS PSS
BROUHAHA

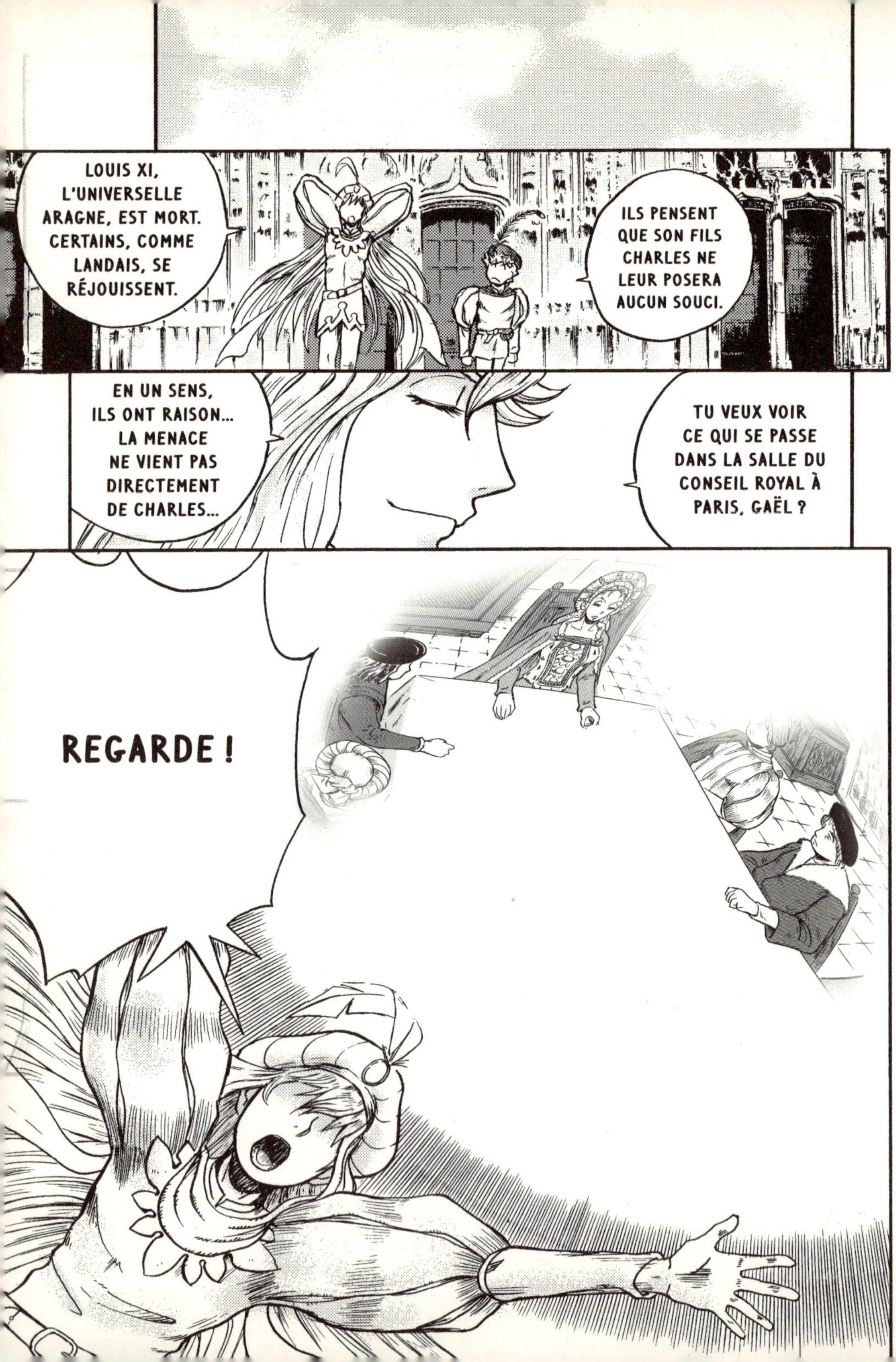
LOUIS XI, L'UNIVERSELLE ARAGNE, EST MORT. CERTAINS, COMME LANDAIS, SE RÉJOUISSENT.
ILS PENSENT QUE SON FILS CHARLES NE LEUR POSERA AUCUN SOUCI.
EN UN SENS, ILS ONT RAISON... LA MENACE NE VIENT PAS DIRECTEMENT DE CHARLES...
TU VEUX VOIR CE QUI SE PASSE DANS LA SALLE DU CONSEIL ROYAL À PARIS, GAËL ?
REGARDE !

DISTINGUÉS CONSEILLERS, PRINCES DU SANG...
HONORABLES SEIGNEURS DU ROYAUME DE FRANCE.
NOTRE ROI, MON PÈRE LOUIS LE ONZIÈME, EST MAINTENANT AU CÔTÉ DE DIEU.
C'EST À PRÉSENT À SON FILS, CHARLES VIII, QUE REVIENT LA LOURDE TÂCHE DE RÉGNER ICI-BAS, SUR LE ROYAUME.
LONGUE VIE À SA MAJESTÉ !
À VOTRE FRÈRE, SA MAJESTÉ CHARLES VIII !
À SA MAJESTÉ !
À SA MAJESTÉ !

CEPENDANT, EN RAISON DE SON JEUNE ÂGE, MON FRÈRE NE PEUT ENCORE RÉGNER SUR LE PAYS.
VOICI LE TESTAMENT DE MON PÈRE ET SES DERNIERS MOTS.
PAR ORDRE DE FEU MON PÈRE LE ROI LOUIS XI, MOI, ANNE DE FRANCE...
J'ASSURERAI LA RÉGENCE DU POUVOIR JUSQU'À LA MAJORITÉ DU ROI CHARLES, MON FRÈRE !
ET JE CONTINUERAI LE PROJET DE MON PÈRE !

JE VAIS CONQUÉRIR LA BRETAGNE ET DÉTRUIRE L'AUTONOMIE BRETONNE !
FRANÇOIS II DE MONTFORT ET CE PIERRE LANDAIS SE SOUMETTRONT À LA COURONNE DE FRANCE. LA BRETAGNE SERA RATTACHÉE AU ROYAUME, J'EN FAIS LE SERMENT !
PRISONNIER CHAUVIN, C'EST L'HEURE DE LA SOUPE !
MON DIEU, MAIS QU'EST-CE QUI SENT COMME ÇA ?!

SEIGNEUR !

TOMP

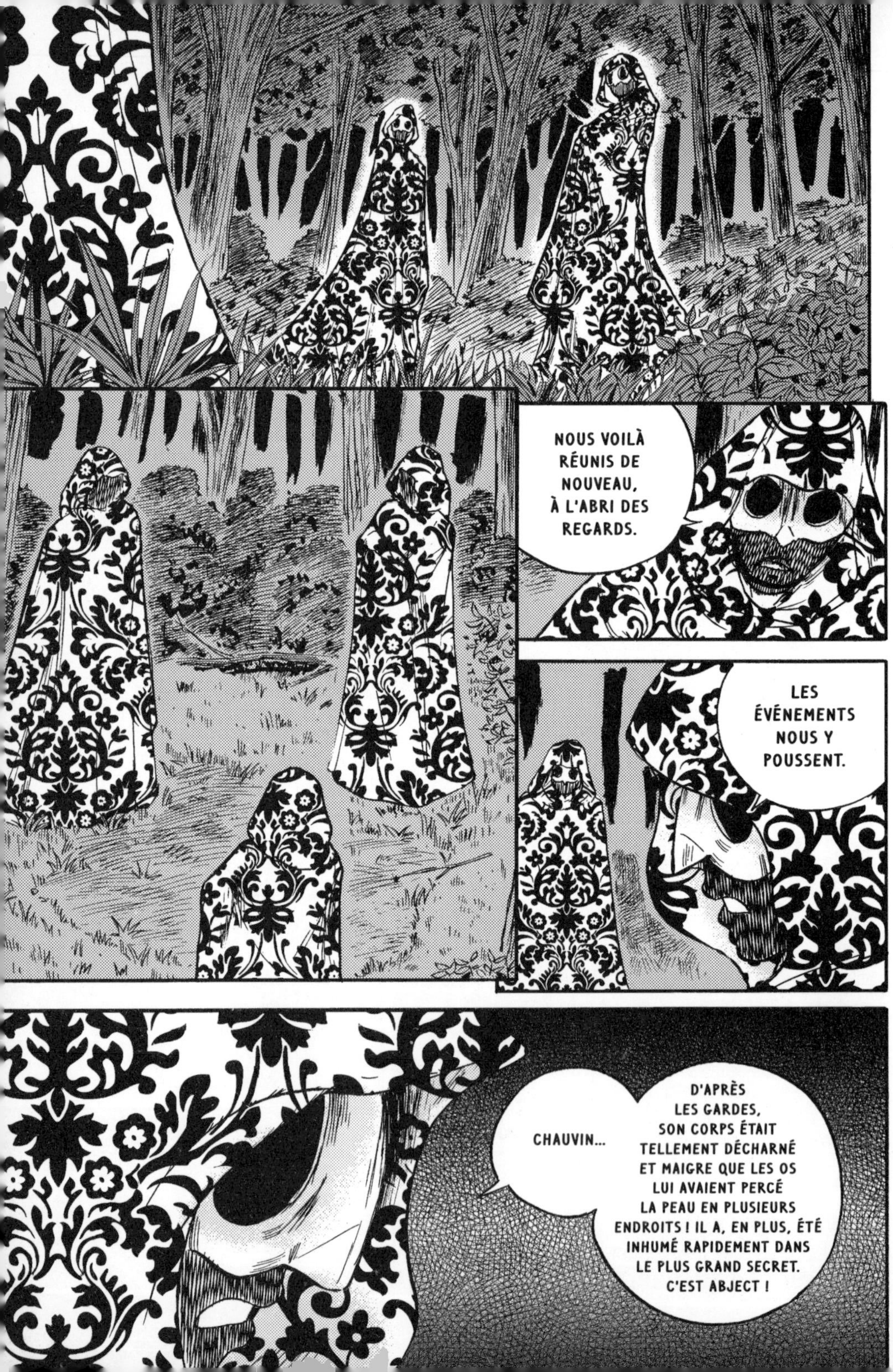
NOUS VOILÀ RÉUNIS DE NOUVEAU, À L'ABRI DES REGARDS.
LES ÉVÉNEMENTS NOUS Y POUSSENT.
CHAUVIN...
D'APRÈS LES GARDES, SON CORPS ÉTAIT TELLEMENT DÉCHARNÉ ET MAIGRE QUE LES OS LUI AVAIENT PERCÉ LA PEAU EN PLUSIEURS ENDROITS ! IL A, EN PLUS, ÉTÉ INHUMÉ RAPIDEMENT DANS LE PLUS GRAND SECRET. C'EST ABJECT !

SON ÉPOUSE, UNE DES PLUS BELLES FEMMES DU DUCHÉ, LA GENTILLESSE INCARNÉE, ET SA FILLE...
FORCÉES À MENDIER DANS LA RUE...
MALGRÉ SON AMITIÉ POUR LE ROI... CELUI-CI N'A RIEN FAIT !
LE ROI EST MORT, VIVE LE ROI !
VIVE LE ROI ? OU VIVE LA REINE ANNE DE BEAUJEU ? CAR CHARLES VIII N'EST ENCORE QU'UN ENFANT, ET FAIBLE DE CARACTÈRE !
ANNE DE BEAUJEU, OU ANNE DE FRANCE ! C'EST ELLE QUI TIRE LES FICELLES À PRÉSENT !
ELLE CONTINUE DE NOUS VERSER DES PENSIONS, NOUS SOMMES À SA MERCI !

« LES PENSIONNAIRES DE BRETAGNE », COMME LOUIS XI AIMAIT À SE MOQUER DE NOUS...
QUELLE HUMILIATION !
ALORS QUE NOUS SOMMES CHEZ NOUS ET QUE NOUS SOMMES DES BARONS...
DES BARONS RÉVOLTÉS !
BIENTÔT, L'AFFAIRE SERA RÉGLÉE...
MAIS BIENTÔT...

LE ROI LOUIS N'EST PLUS ! QUE CRAINDRE DE CETTE ANNE DE BEAUJEU ! CHARLES VIII N'EST QU'UN ENFANT ! LE DUC FRANÇOIS EST À MA BOTTE ! GRÂCE À MON TALENT, LA BRETAGNE PROSPÈRE !
QUI PEUT M'EMPÊCHER DE GOUVERNER MAINTENANT ?
RMBL

KKKK
TNK ! TNK !
TNK !
WOUAH ! IL Y A TELLEMENT DE MONDE !
SHHH !
TNK !
KKKK
SHHH !
TNK !
NANTES EST UN HAUT LIEU DU TRAFIC MARITIME, LA CAPITALE DU DUCHÉ.
LA VILLE ÉCHANGE SES PRODUITS COMME LE SEL OU LE VIN, CONTRE DES PRODUITS PLUS EXOTIQUES, PLUS LOINTAINS, PLUS LUXUEUX, QUI VIENNENT D'AUTRES GRANDS PORTS EUROPÉENS, DE CASTILLE, D'ARAGON, DU PORTUGAL OU BIEN DES PAYS-BAS.
OUI, MONSIEUR AEDAN. ET LES RICHESSES QUI S'ÉCHANGENT ICI...
... FONT LA PUISSANCE DE CERTAINS...
IL Y ARRIVE QUELQUEFOIS AUSSI DES TRÉSORS DIGNES DES PLUS GRANDS PRINCES...
KRPR

ÇA Y EST, ILS L'ONT OUVERTE !
UNE CORNE DE LICORNE !!

BIEN, MESSIEURS, REFERMEZ LA CAISSE.
ET AMARREZ LA GABARRE AU PONTON DE LA COURTINE DU CHÂTEAU. VOUS LA DÉCHARGEREZ.
OUI, MADAME LA COMTESSE !

CLANG
?
RIEN À SIGNALER, SOLDAT ?
RIEN À SIGNALER, SIRE !
CLAC !

QU'ELLE EST BELLE ! QUELLE FIERTÉ !
LES CORNES DE LICORNE SONT TRÈS RARES !
JE CROIS QU'IL N'Y EN A PAS PLUS DE CINQUANTE QUI CIRCULENT ACTUELLEMENT DANS LA CHRÉTIENTÉ.
ET NOUS EN POSSÉDONS UNE !

UN TRÉSOR DE PLUS À AJOUTER À TA COLLECTION D'ORFÈVRERIE, DE SCULPTURES, DE PEINTURES, DE TAPISSERIES...
CE CHÂTEAU VA DEVENIR UN MUSÉE !
LA CORNE DE LICORNE EST CENSÉE ÊTRE LE BIEN LE PLUS PRÉCIEUX QUE PUISSE POSSÉDER UN SOUVERAIN.
DE PAR SA NATURE FABULEUSE, LA CORNE DE LICORNE ÉLOIGNE LES POISONS ET LES ASSASSINS. NOTRE PAYS N'EN SERA QUE PLUS FORT.
QU'EST-CE QUE LES GENS AU MOYEN ÂGE SONT NAÏFS... C'EST UNE DENT DE NARVAL, PAS UNE CORNE DE LICORNE ! LES LICORNES ÇA N'EXISTE PAS ! C'EST COMME CROIRE AUX DRAGONS, AUX ELFES, À LA MAGIE OU...
... OU AUX KORRIGANS ?
HUM...

AEDAN !
VOUS QUI AVEZ TANT VOYAGÉ... QUE SAVEZ-VOUS SUR LES LICORNES ?
À VRAI DIRE, ON SAIT PEU DE CHOSES SUR LES LICORNES.
C'EST UN ANIMAL MERVEILLEUX QUI VIT CACHÉ DES HOMMES DANS LES FORÊTS ENCHANTÉES D'ORIENT...
... DANS CES ENDROITS OÙ LES SAISONS N'EXISTENT PAS.

ELLE POSSÈDE LE CORPS D'UN CHEVAL BLANC, UNE BARBICHE ET LES SABOTS D'UNE CHÈVRE.
LA CORNE QU'ELLE PORTE AU MILIEU DU FRONT A LE POUVOIR DE PURIFIER LES EAUX EMPOISONNÉES CAR ELLE EST DOTÉE DE POUVOIRS MAGIQUES.

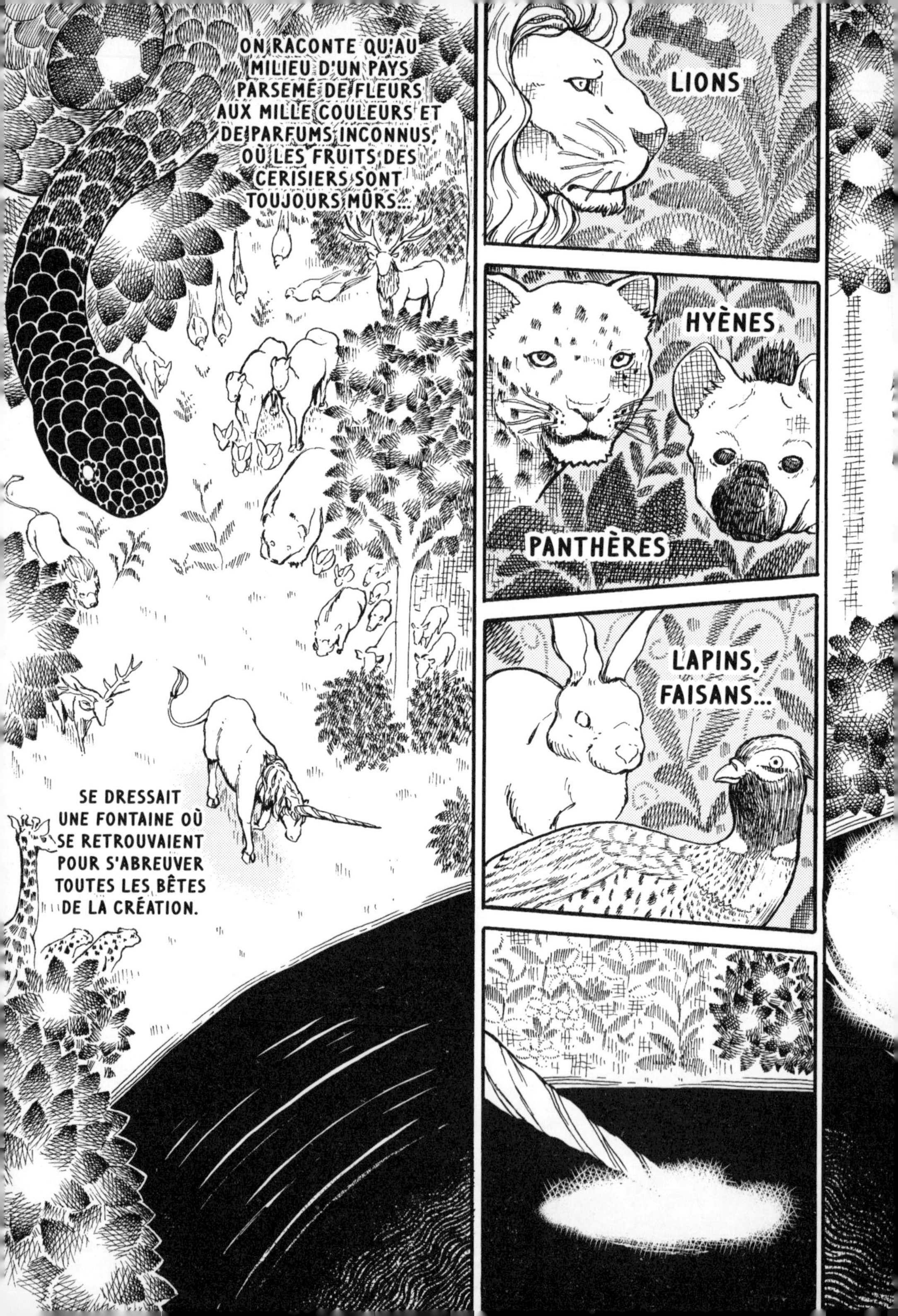

ON RACONTE QU'AU MILIEU D'UN PAYS PARSEMÉ DE FLEURS AUX MILLE COULEURS ET DE PARFUMS INCONNUS, OÙ LES FRUITS DES CERISIERS SONT TOUJOURS MÛRS...
SE DRESSAIT UNE FONTAINE OÙ SE RETROUVAIENT POUR S'ABREUVER TOUTES LES BÊTES DE LA CRÉATION.
LIONS
HYÈNES
PANTHÈRES
LAPINS, FAISANS...

TOUS ATTENDAIENT PATIEMMENT QUE LA LICORNE AIT PURIFIÉ L'EAU EMPOISONNÉE DU BASSIN.

EN ORIENT, ON DIT QUE LA CORNE DES LICORNES A LE POUVOIR DE SÉPARER LES JUSTES...
... DE CEUX QUI ONT QUELQUE CHOSE À SE REPROCHER.

OH !
LA PURETÉ...
C'EST POUR ÇA QUE LES HOMMES LA TRAQUERONT ENCORE...
ET TOUJOURS...
BAM

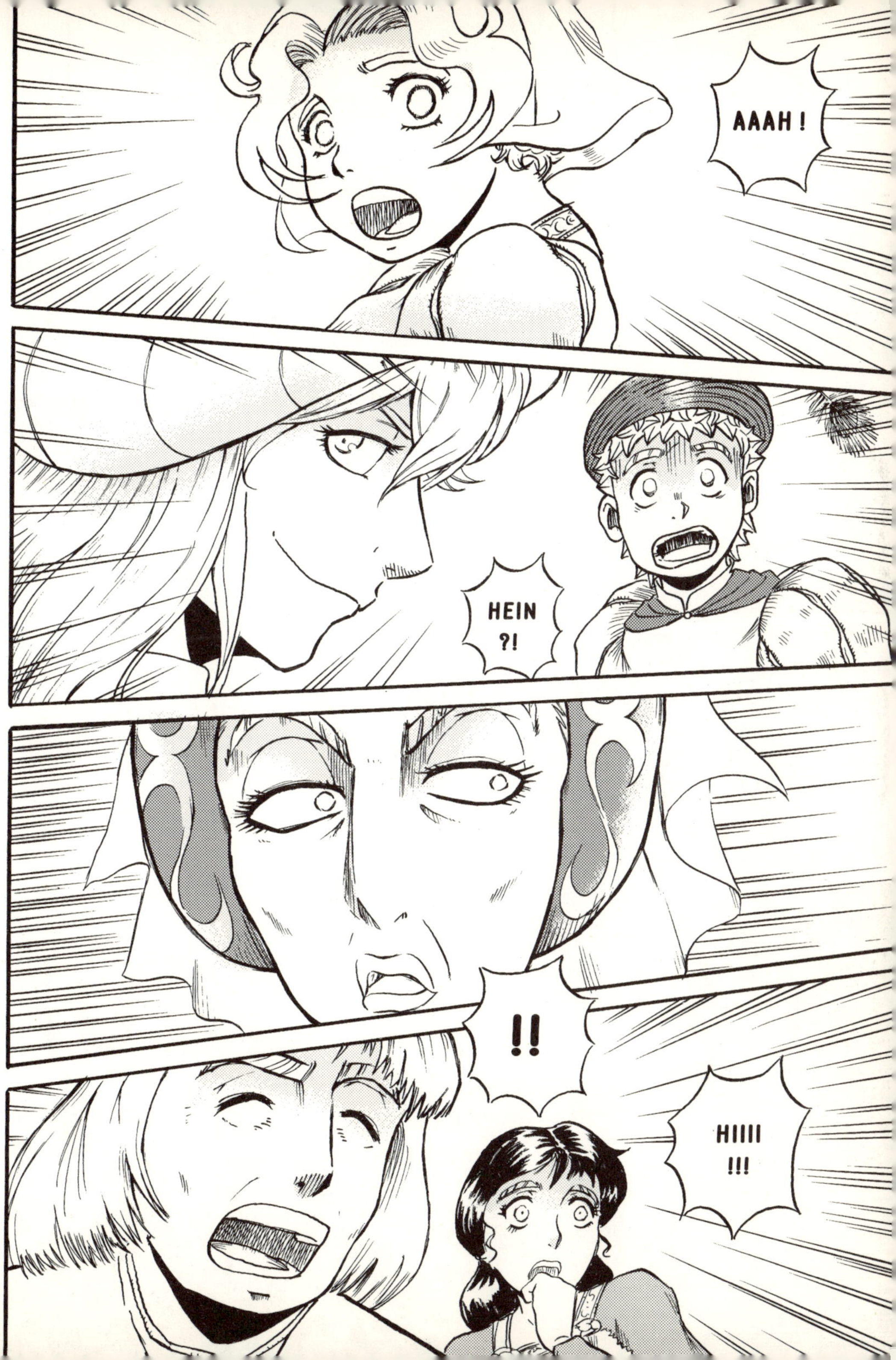
AAAH !
HEIN ?!
!!
HIIII !!!

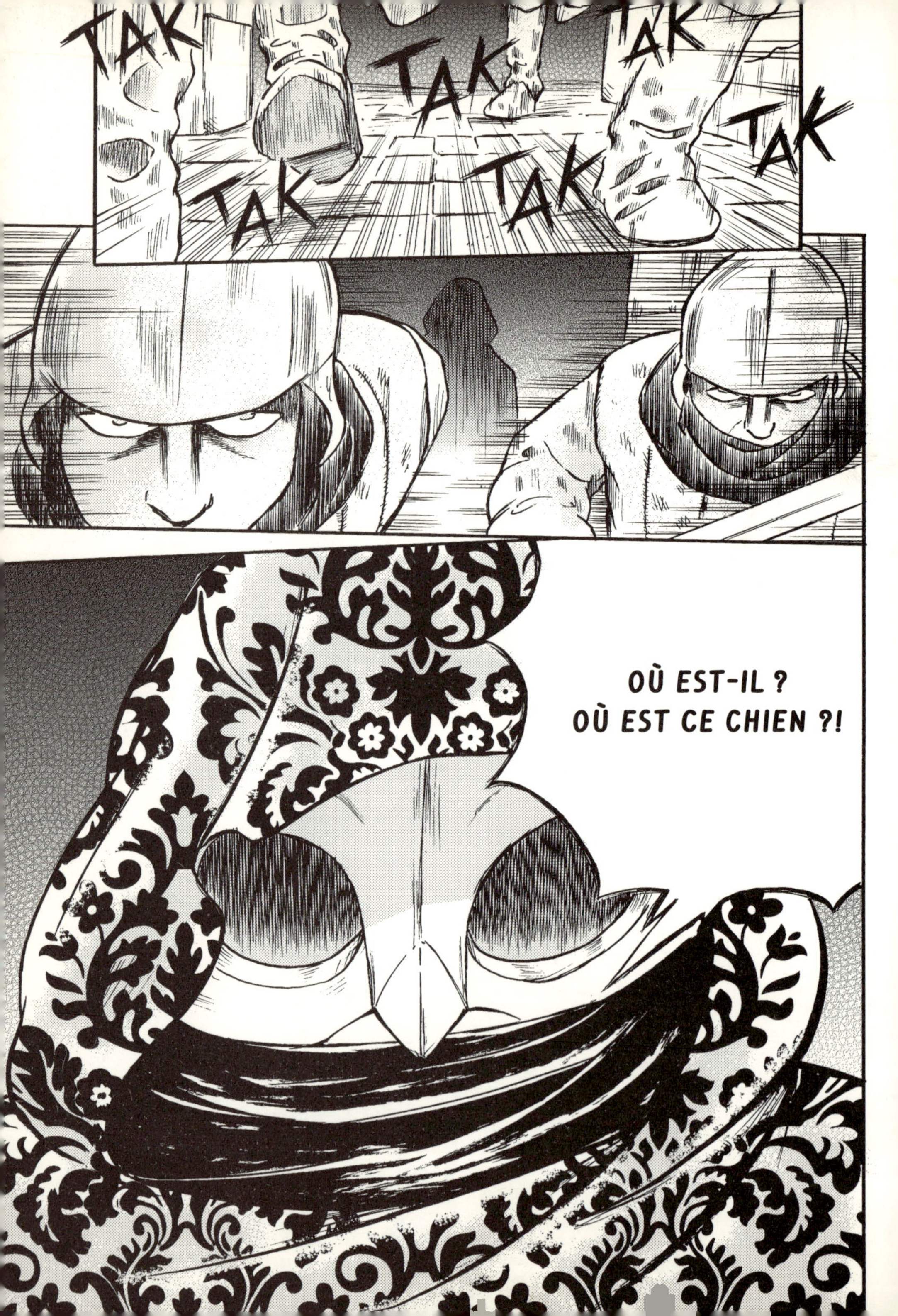
TAK TAK TAK
TAK TAK TAK
OÙ EST-IL ?
OÙ EST CE CHIEN ?!

OÙ EST-IL ?
OÙ EST CE CHIEN
DE LANDAIS ?!!
!
PARTIE 6
FOUILLEZ
LE CHÂTEAU
DE FOND EN
COMBLE !
TAK TAK TAK TAK TAK TAK TAK TAK
LANDAIS EST
FORCÉMENT
QUELQUE
PART !
VOUS !

FRANÇOIS, DUC DE BRETAGNE !
COMMENT OSEZ-VOUS ARBORER UN LION SUR VOS ARMOIRIES...
... ALORS QUE VOUS VOUS LAISSEZ MANIPULER PAR UN CHIEN !
AAAH...
UN LION ?
UN LIONCEAU, OUI !!

BAM
SLAM
MAIS ON DIRAIT QU'IL CHERCHE LA BAGARRE, LUI !
OUAIP !
ÇA MANQUAIT UN PEU D'ACTION, PAS VRAI, GAËL ?

ON VA VOUS APPRENDRE LA POLITESSE !
C'EST PARTI !

TING
TING
FHHHH
KLAN
AAAHHH
!!!

TING
?
TING
OÙ EST-IL ?

OÙ EST CE TRAÎTRE !?!
ANNE !!!

UGHH...
FRANÇOIS !

VOUS... VOUS NOUS AVIEZ POURTANT DIT...
... QU'IL SERAIT CE SOIR AU CHÂTEAU...
... COMTESSE DE LAVAL !
...
TCHK
AH !!!

...
VOUS, LE MARÉCHAL JEAN DE RIEUX !
MALÉDICTION !!!
!
TAK

LA CORNE !
LA CORNE A LE POUVOIR DE SÉPARER LES JUSTES...
... DE CEUX QUI ONT QUELQUE CHOSE À SE REPROCHER !
SIRE, LA GARDE SE RAPPROCHE ! NOUS ALLONS ÊTRE ENCERCLÉS ! IL FAUT PARTIR !
PAR L'ENFER, NOUS AVONS ÉCHOUÉ !
FUYONS, COMTESSE !

CE N'EST PAS POSSIBLE, PAS VOUS...
MAIS...
MA CHÈRE GOUVERNANTE !

DING
DING
DING DING DING
QU'Y A-T-IL ? QU'EST-CE QUI SE PASSE ?!
ON A ATTAQUÉ LE CHÂTEAU !
DING
OUI ! ALLONS TOUS AU CHÂTEAU !
PRÊTONS MAIN-FORTE À NOTRE SEIGNEUR BIEN-AIMÉ !
DING
DING
DING
DING
DING

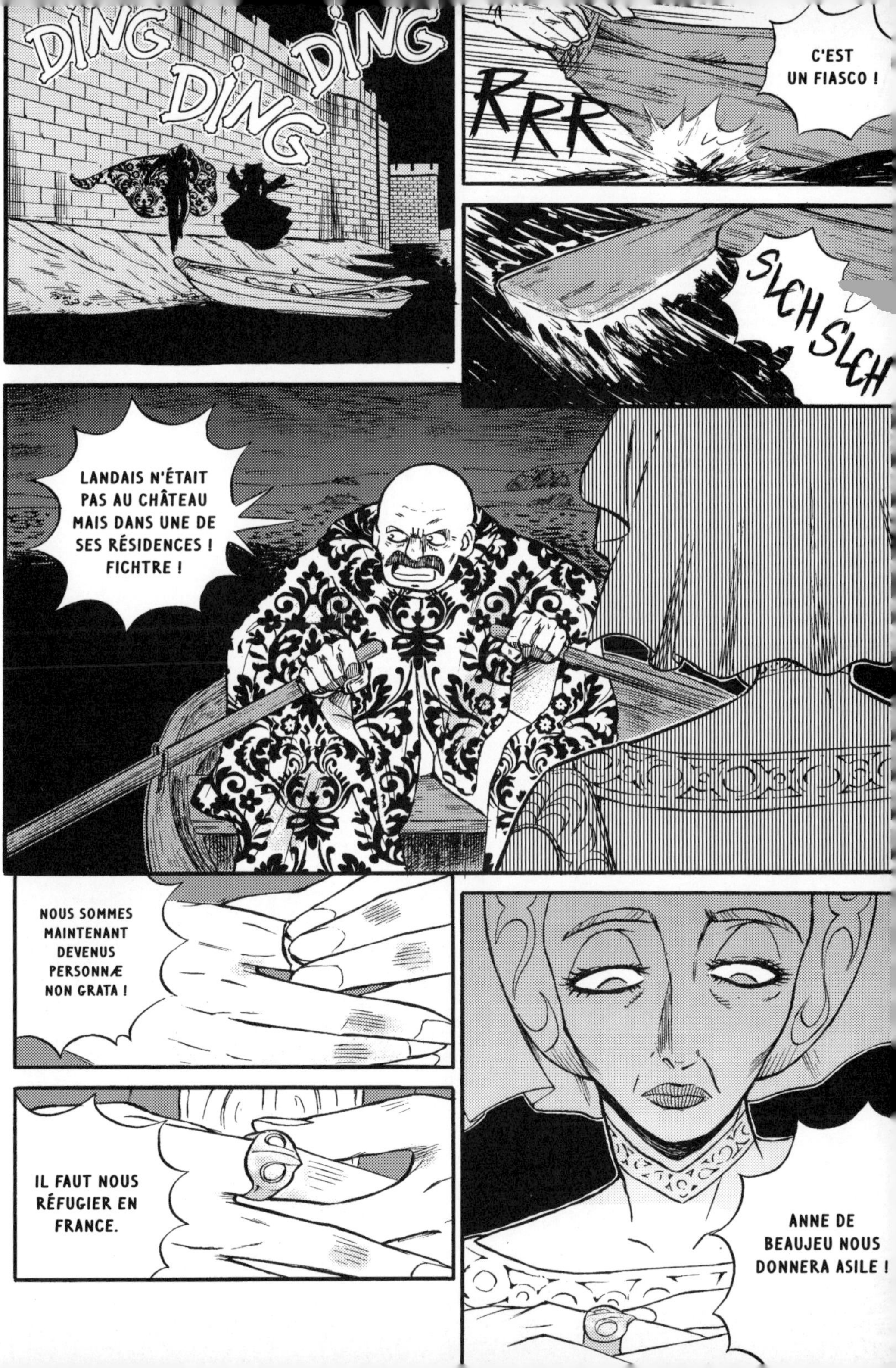
DING DING DING
RRR
C'EST UN FIASCO !
SLCH SLCH
LANDAIS N'ÉTAIT PAS AU CHÂTEAU MAIS DANS UNE DE SES RÉSIDENCES ! FICHTRE !
NOUS SOMMES MAINTENANT DEVENUS PERSONNÆ NON GRATA !
IL FAUT NOUS RÉFUGIER EN FRANCE.
ANNE DE BEAUJEU NOUS DONNERA ASILE !

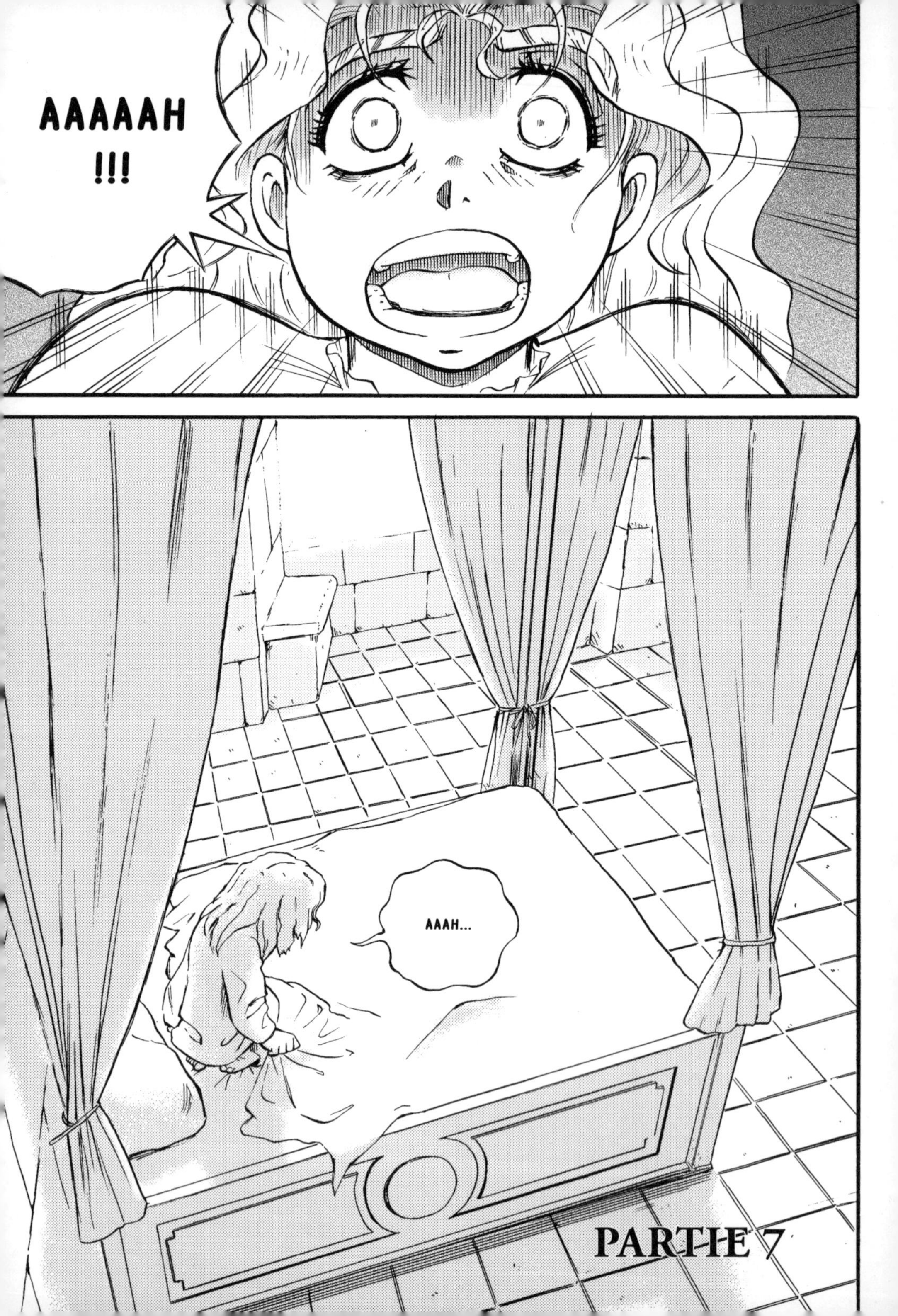
AAAAAH !!!
AAAH...
PARTIE 7

DEPUIS L'ATTAQUE, ANNE FAIT DES CAUCHEMARS...
DES INCONNUS ARMÉS ENTRENT AVEC VIOLENCE DANS SES APPARTEMENTS AU CHÂTEAU...
SON PÈRE, LE DUC, A ÉTÉ TRAITÉ COMME UN MOINS QUE RIEN, RIDICULISÉ.
N'IMPORTE QUI AURAIT ÉTÉ TRAUMATISÉ !
CLOP ! CLOP !
CLOP !
ARGH ! LES REFLETS DU SOLEIL SUR CETTE ARMURE !

MONSEIGNEUR LE DUC LOUIS D'ORLÉANS !
QUEL HONNEUR DE VOUS ACCUEILLIR ICI EN BRETAGNE !
RECEVEZ MES HOMMAGES AU NOM DE VOTRE COUSIN...
... ET NOS REMERCIEMENTS POUR L'AIDE QUE VOUS NOUS APPOR...
... TEZ...
SLAF
TAK TAK

PRINCESSE…

MES HOMMAGES À LA FUTURE DUCHESSE DE BRETAGNE.
...!
PSSS PSSS !
HI HI HI !
C'EST MOI, OU IL S'EST PASSÉ QUELQUE CHOSE ?

JE VOUS REMERCIE, MONSIEUR LE DUC D'ORLÉANS.
SI VOUS VOULEZ BIEN ME SUIVRE, MON PÈRE VOUS ATTEND.
FLAP!
FLAP!
MALGRÉ MON INFLUENCE...
MON POUVOIR...
MALGRÉ MA FORTUNE...
JAMAIS...
JAMAIS ILS NE ME CONSIDÉRERONT COMME L'UN DES LEURS !

MON CHER LOUIS, JE SUIS HEUREUX DE VOUS VOIR !
CETTE TENTATIVE D'ATTENTAT CONTRE NOUS M'A AFFECTÉ PLUS QUE JE NE LE PENSAIS !
CHER COUSIN, OUI, JE VIENS APPORTER MON AIDE À VOTRE « COMBAT ».
AUSSI, J'AI EMMENÉ AVEC MOI DES HOMMES POUR VOUS SOUTENIR ET GARDER LE CHÂTEAU CONTRE LES VELLÉITÉS D'ANNE DE BEAUJEU.
JE VOUS REMERCIE, MON BON AMI.
J'AI MOBILISÉ UNE ARMÉE POUR AFFRONTER LES TROUPES DES « BARONS RÉVOLTÉS ». DE FAIT, LES EFFECTIFS POUR PROTÉGER LE CHÂTEAU ONT GRANDEMENT DIMINUÉ.
VOTRE SOUTIEN NE SERA PAS DE TROP.
LE CONTINGENT QUE J'AI PLACÉ SOUS LES ORDRES DE MON FILS LE BARON D'AVAUGOUR EST EN ROUTE POUR LES TERRES DE LA MAISON DES RIEUX...
LA BATAILLE NE DEVRAIT PLUS TARDER...!

CLOP !
CLOP !
CLOP !

TE VOICI À PRÉSENT À LA TÊTE D'UNE ARMÉE...
AUCUN MAL NE DEVAIT ÊTRE FAIT À LA FAMILLE DUCALE, C'EST CE QUI ÉTAIT CONVENU !
J'AI FAIT CE QUE J'AVAIS À FAIRE !
NOUS ALLONS DONC NOUS AFFRONTER... VOILÀ OÙ TOUT CELA NOUS MÈNE...
JE RESPECTE MON PÈRE !
MAIS JE RESTE FIDÈLE À MES PRINCIPES, MES IDÉAUX... ET À LA BRETAGNE...
JE VEILLERAI ET GARANTIRAI LES PRIVILÈGES DE LA NOBLESSE...
?
TOUJOURS !

MAIS ALORS...!
MAIS...?
OUI !
TCHK!
ALLONS PRENDRE LA TÊTE DE LANDAIS !

MAGNIFIQUE !
SUPERBE !

* DEVISE DE FRANÇOIS II DE MONTFORT.

… LE RYTHME EFFRÉNÉ DES ARTISANS-CHARPENTIERS JOUANT DE LEURS SCIES…
RRRR
RRR
ÉCOUTEZ LE CHANT DES OISEAUX ! Y A-T-IL MUSIQUE PLUS MÉLODIEUSE…
CRÔAAA
FLAP! FLAP!
CRÔÂÂ
CRÔÂ
CRÔÂ
CRÔÂ
CRÔÂ
CRÔÂ
CRÔÂ
… ET PLUS BELLE JOURNÉE ?

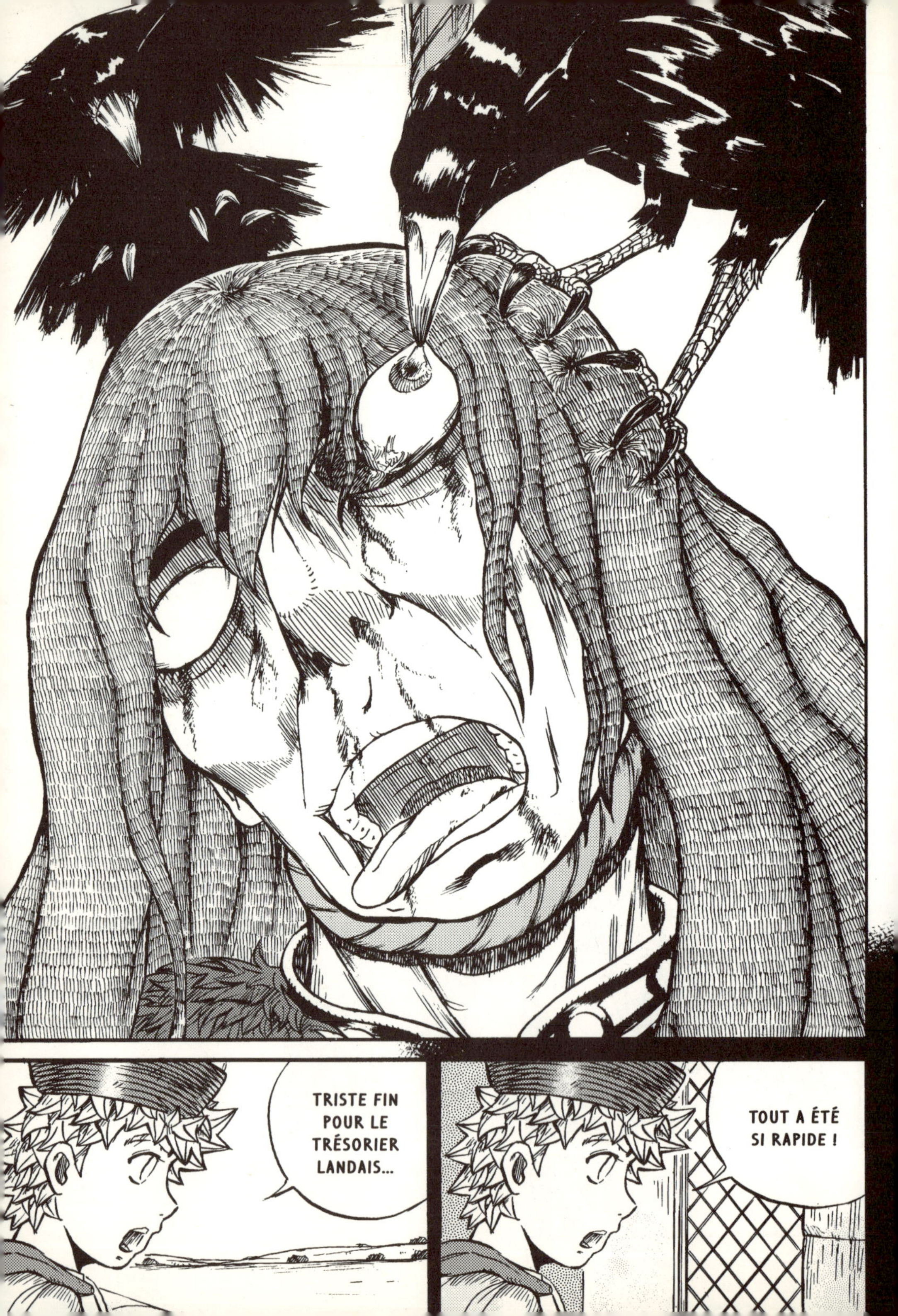
TRISTE FIN POUR LE TRÉSORIER LANDAIS...
TOUT A ÉTÉ SI RAPIDE !

À MORT LANDAIS !
VIVE LE DUC !
VIVE LE DUC !
À MORT LANDAIS !
À MORT LANDAIS !
L'ARMÉE DES « BARONS RÉVOLTÉS » MENÉE PAR LE BARON D'AVAUGOUR, LE MARÉCHAL DE RIEUX ET LA COMTESSE DE LAVAL ÉTAIT AU PIED DU CHÂTEAU.
À MORT LANDAIS !
À MORT LANDAIS !
À MORT LANDAIS !
À MORT LANDAIS !
LE PEUPLE DE NANTES EN COLÈRE ÉTAIT AVEC EUX. LEUR LOYAUTÉ ENVERS LA BRETAGNE, LE DUC ET LA FAMILLE DUCALE ÉTAIT INTACTE. MAIS ILS VOULAIENT LA PEAU DE LANDAIS.
POURQUOI TANT DE BRUIT ?
QUE SE PASSE-T-IL DEHORS ?

L'ARMÉE DES BARONS RÉVOLTÉS EST À VOS PORTES.
AVEC LE PEU DE SOLDATS POUR DÉFENDRE LE CHÂTEAU... MÊME AVEC MES HOMMES...
... NOUS SOMMES TOUS EN DANGER !
MON CHER COUSIN, POUR APAISER LA COLÈRE DE VOTRE PEUPLE...
... JE SUIS CONTRAINT DE PRENDRE ET DE CONSTITUER PRISONNIER VOTRE « HOMME DE CONFIANCE » PIERRE LANDAIS...

… ET DE L'AMENER DEVANT VOTRE COUR, POUR QU'IL RÉPONDE DU SORT QU'IL A RÉSERVÉ AU CHANCELIER GUILLAUME CHAUVIN !
ENTOURÉ DES « BARONS RÉVOLTÉS », LANDAIS TRAVERSA LA FOULE… ET FIT FACE À SON DESTIN.
SHHHK !!
TOMP

PEU APRÈS, LES SEIGNEURS ET NOBLES DE BRETAGNE VINRENT DE NOUVEAU FAIRE ALLÉGEANCE À LEUR PRINCE.
CEPENDANT, CE N'EST PLUS LE DUC QUI DÉTIENT LE POUVOIR, MAIS UN TRIO FORMÉ DU MARÉCHAL DE RIEUX, DE LA COMTESSE DE LAVAL ET DU BARON D'AVAUGOUR.
LES « BARONS RÉVOLTÉS » N'ONT DÉSORMAIS PLUS BESOIN DE LA FRANCE. ILS ROMPENT L'ACCORD PASSÉ AVEC ANNE DE BEAUJEU, ET VONT LUTTER CONTRE ELLE POUR AFFIRMER L'INDÉPENDANCE DE LA BRETAGNE !

LE DUC DEMANDA AUX ÉTATS DE BRETAGNE DE RECONNAÎTRE SOLENNELLEMENT SES FILLES ANNE ET ISABEAU COMME SEULES HÉRITIÈRES LÉGITIMES DU DUCHÉ.
ANNE DEVIENDRA VÉRITABLEMENT LA PROCHAINE SOUVERAINE DE BRETAGNE.

ET AUJOURD'HUI...
VOILÀ OÙ NOUS EN SOMMES !
FLAP !
L'OST* FRANÇAIS, ARMÉ JUSQU'AUX DENTS, EST AUX PORTES DE LA VILLE !
* NOM DONNÉ AUX FORCES ARMÉES AU MOYEN ÂGE.

FLAP !
FLAP !

DE RIEUX, LAVAL ET D'AVAUGOUR, JE VOUS FERAI PAYER VOTRE TRAHISON !
JAMAIS LA FRANCE NE RECONNAÎTRA CETTE ENFANT COMME L'HÉRITIÈRE DE CE SOI-DISANT TRÔNE DE BRETAGNE !
SOLDATS DU ROYAUME DE FRANCE...
EN AVANT !
CLOP !
RKRKRKRKRKRK

PARTIE 8

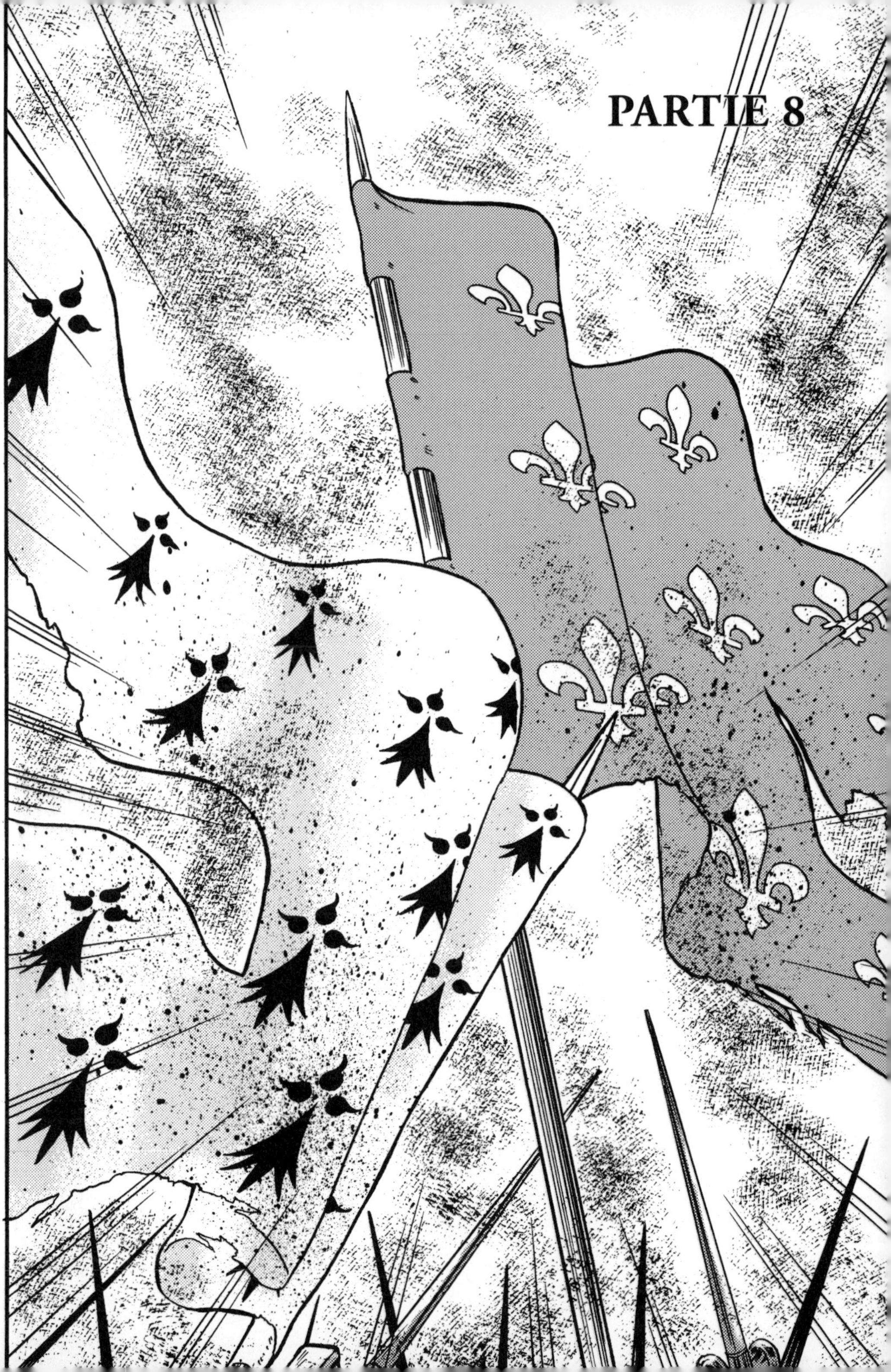

COMME TU PEUX LE VOIR, C'EST LA RUINE ET LA DÉSOLATION... NOUS SOMMES LE 19 JUIN 1487. JUSQU'AU 6 AOÛT DE LA MÊME ANNÉE...

BOM
... L'ARMÉE FRANÇAISE FERA LE SIÈGE DE NANTES ET DU CHÂTEAU !
BOM
BOM
BOM
BOM

LA BATAILLE DE SAINT-AUBIN-DU-CORMIER SERA UN VÉRITABLE CARNAGE !
HUIT MILLE MORTS CÔTÉ BRETON,
MILLE DEUX CENTS CÔTÉ FRANÇAIS.
AAAH !!
EN QUATRE HEURES, L'ARMÉE DE FRANÇOIS II VA PERDRE LES DEUX TIERS DE SES EFFECTIFS.

L'ESSENTIEL DES TROUPES BRETONNES EST DÉCIMÉ !

À BOUT DE FORCES, USÉ PAR DES ANNÉES DE CONFLIT, FRANÇOIS II SUCCOMBE LE 9 SEPTEMBRE 1488.

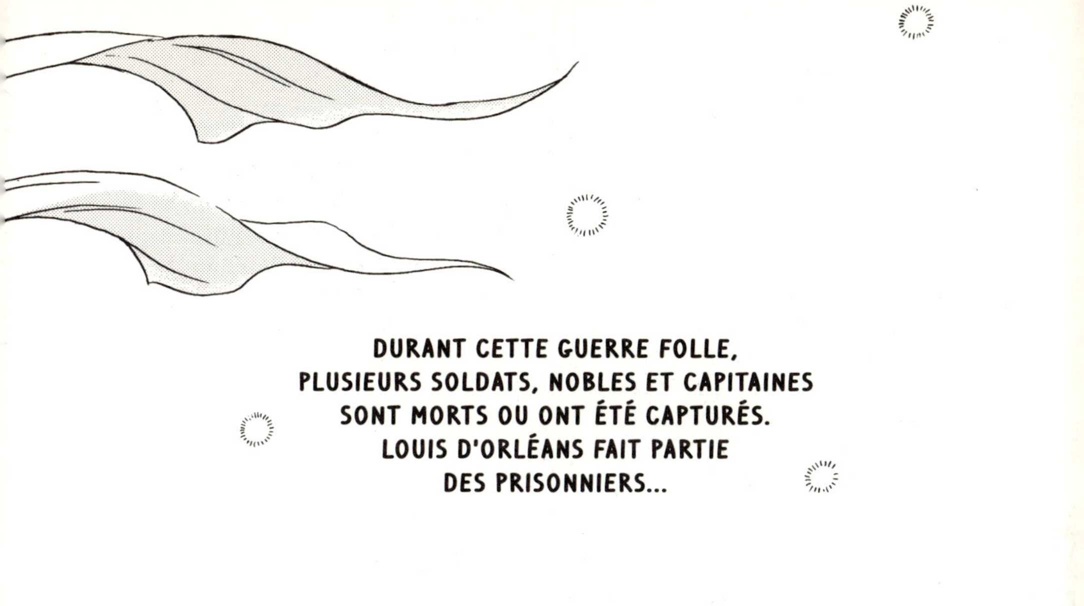
DURANT CETTE GUERRE FOLLE,
PLUSIEURS SOLDATS, NOBLES ET CAPITAINES
SONT MORTS OU ONT ÉTÉ CAPTURÉS.
LOUIS D'ORLÉANS FAIT PARTIE
DES PRISONNIERS...

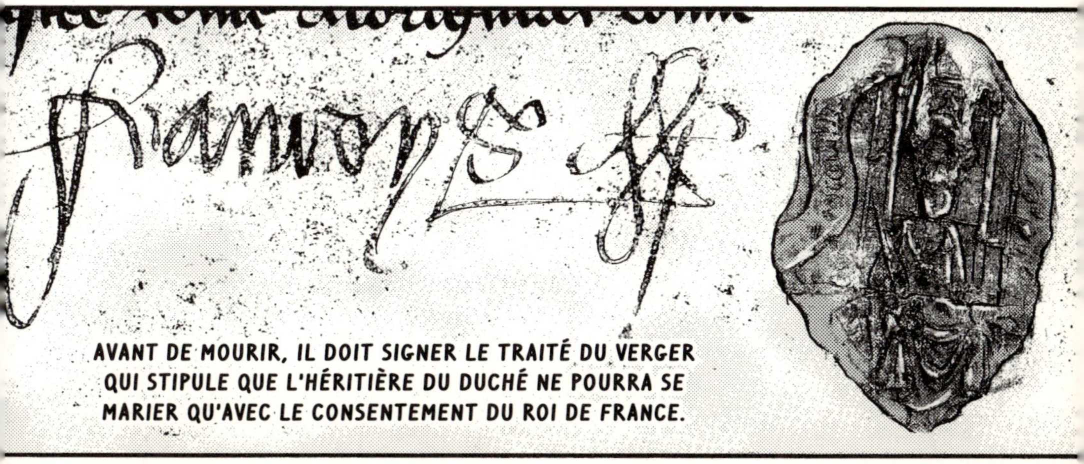
AVANT DE MOURIR, IL DOIT SIGNER LE TRAITÉ DU VERGER
QUI STIPULE QUE L'HÉRITIÈRE DU DUCHÉ NE POURRA SE
MARIER QU'AVEC LE CONSENTEMENT DU ROI DE FRANCE.

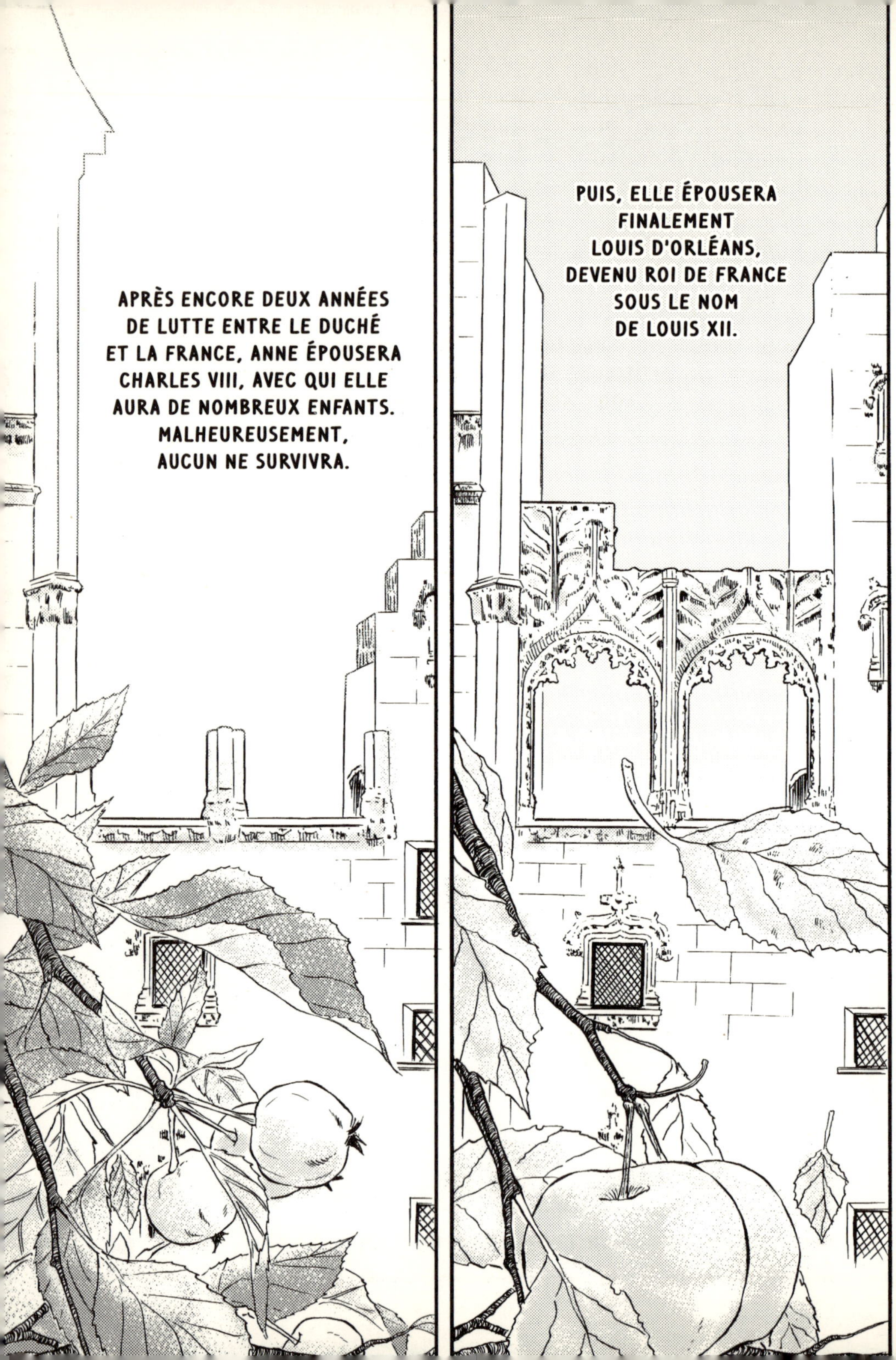
APRÈS ENCORE DEUX ANNÉES DE LUTTE ENTRE LE DUCHÉ ET LA FRANCE, ANNE ÉPOUSERA CHARLES VIII, AVEC QUI ELLE AURA DE NOMBREUX ENFANTS. MALHEUREUSEMENT, AUCUN NE SURVIVRA.
PUIS, ELLE ÉPOUSERA FINALEMENT LOUIS D'ORLÉANS, DEVENU ROI DE FRANCE SOUS LE NOM DE LOUIS XII.

DEVENUE REINE DE FRANCE, ELLE NE CESSERA JAMAIS DE VEILLER SUR SON DUCHÉ ET DE LE PROTÉGER !

GAËL !
LE TEMPS SEMBLE NE PAS AVOIR DE PRISE SUR VOUS !
VOUS N'AVEZ PAS CHANGÉ, VOUS ÊTES COMME DANS MES SOUVENIRS !

CES MANUSCRITS, CE SONT BIEN LES CHRONIQUES DE BRETAGNE DE VOTRE ONCLE BOUCHART ? PÈRE M'AVAIT DIT QUE VOUS AVIEZ CONTRIBUÉ À LEUR ÉCRITURE !
MA FAMILLE A SUBI DE TERRIBLES ÉPREUVES, MAIS VOUS AVEZ TOUJOURS ÉTÉ AUPRÈS DE NOUS. CES ÉCRITS RESTERONT DANS LES MÉMOIRES... POUR CELA...

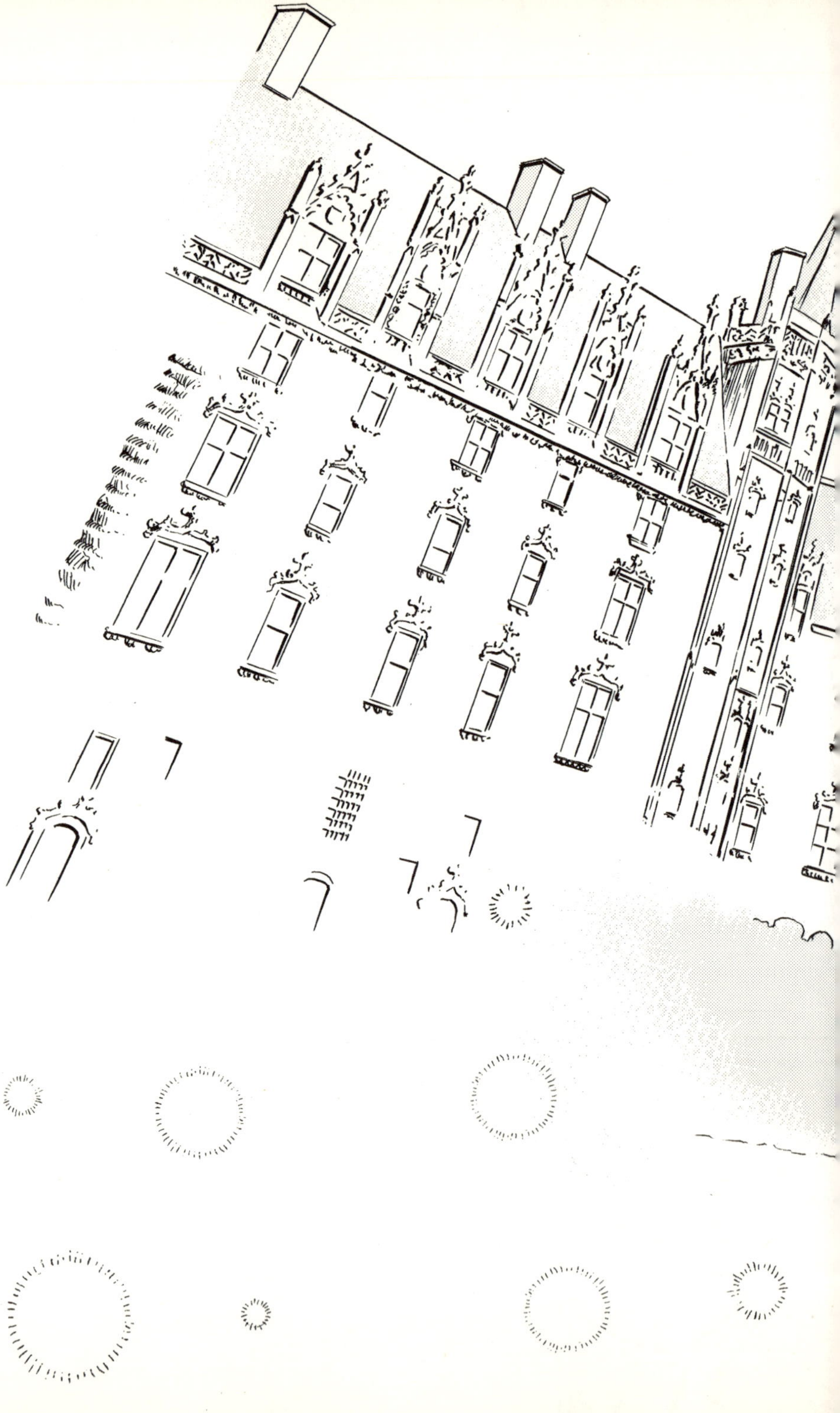

MOI, ANNE, HÉRITIÈRE
DE LA MAISON DES MONTFORTS,
DUCHESSE DE BRETAGNE
ET REINE DE FRANCE...
JE VOUS EN REMERCIE
INFINIMENT !

ANNE...
ÉPILOGUE
EH ?!
TU PEUX ME DONNER CE QUE TU AS ÉCRIT, GAËL ?
QUOI ? MAIS ?!
MAIS COMMENT AS-TU PU ÉCRIRE AUTANT EN UNE JOURNÉE !?!
BON, J'ESPÈRE QUE CETTE SORTIE VOUS A ÉTÉ PROFITABLE À TOUS, ET QUE VOUS AVEZ APPRIS QUELQUE CHOSE !

Dans ce manga, Gaël se retrouve propulsé le jour de la naissance de la fille du duc de Bretagne, François II de Montfort, et de Marguerite de Foix. Nous sommes le 26 janvier 1477... il y a plus de cinq cents ans. Prénommée Anne, cette princesse de Bretagne aura un destin tout à fait étonnant. Elle sera couronnée à trois reprises, duchesse puis reine. Elle deviendra à 11 ans l'héritière du trône de Bretagne, et sera plus tard deux fois reine de France (à 14, puis à 22 ans) – fait unique dans notre histoire !

Comme Gaël l'expérimente lui-même, la vie de château est assez mouvementée pour cette fillette de la haute noblesse. Elle reçoit une éducation privilégiée, elle assiste à des banquets et à des tournois... Mais elle voit aussi son père s'opposer au roi de France, car Louis XI supporte mal l'autonomie affichée de la Bretagne ! La guerre deviendra inévitable après des années d'intrigues. Anne est vite utilisée comme levier politique par son père pour garantir la survie du duché. Elle est une enfant à marier ! Finalement, la principauté sera vaincue, et Anne jouera un rôle important, cette fois-ci dans le rattachement de la Bretagne à la France. Un processus qui durera plus de quarante ans.

LE PÈRE D'ANNE DE BRETAGNE, UN DUC REBELLE. UN DUCHÉ VERS L'INDÉPENDANCE ?

En 1458, François d'Étampes (1435-1488) devient duc de Bretagne, à l'âge de 23 ans. Il est l'arrière-petit-fils du premier duc breton de la dynastie des Montforts (Jean IV, qui a régné de 1365 à 1399), et il est le dernier descendant légitime à la succession de Bretagne. François régnera trente années sur cette riche principauté, sous le nom de François II de Montfort. Ce jeune prince, né à Clisson (au sud de Nantes), a passé l'essentiel de son enfance dans le Val de Loire, avant de regagner la Bretagne. Il a vécu à la cour de France, aux côtés de sa mère, Marguerite, et de ses oncles, des princes du sang qui appartiennent à la puissante maison d'Orléans (Charles d'Orléans, Jean d'Angoulême...).

Le couronnement de François d'Étampes en la cathédrale de Rennes, le 3 février 1459. Il devient François II de Montfort, duc de Bretagne.

LE DUCHÉ DE BRETAGNE ET LA MAISON DES MONTFORTS

Au lendemain de la guerre de Cent Ans (1337-1453), le duché de Bretagne est un pays prospère. Il est gouverné depuis 1365 par de grands seigneurs bretons, les Montforts. Cette maison seigneuriale transforme la Bretagne en un État princier autonome et puissant, au sein du royaume de France. Les ducs successifs et leurs nombreux conseillers mettent en place une administration efficace et développent une véritable diplomatie avec les principales puissances de l'époque, ainsi que des relations commerciales avec elles : avec les royaumes d'Angleterre, ceux de Castille et d'Aragon (actuelle Espagne), les Pays-Bas bourguignons, ainsi qu'avec la papauté, sans oublier le duché de Bourgogne.
La stabilité et la richesse de la principauté bretonne sont le résultat d'une bonne gestion de l'État et de son économie (la mise en place d'impôts permanents), malgré les dépenses très importantes de la famille ducale, destinées à son confort comme à son prestige : il faut financer l'organisation de fastueux banquets ou de tournois, la réception d'ambassades qui viennent de pays étrangers, la commande de nombreux objets d'art, mais aussi l'entretien des nombreux seigneurs ou officiers au service du duc et de sa famille, qui forment ce que l'on appelle l'« Hôtel » (en 1488, il se compose de 665 officiers et serviteurs !).

Quelques années après son avènement au trône ducal, François II veut affirmer la souveraineté de la Bretagne face au royaume de France, comme ses prédécesseurs l'ont fait avant lui. Il devient vite un prince rebelle. Il n'est pas le seul, d'ailleurs ! D'autres grands seigneurs font comme lui : les ducs de Bourgogne ou ceux de Bourbon, ou encore les puissants comtes d'Armagnac. Pour afficher son pouvoir de duc souverain, il décide de faire de Nantes la capitale de son pays, et d'y faire construire un grand château. Nantes est déjà une ville importante du duché, installée sur la Loire, mais aussi un grand port ouvert sur l'océan Atlantique. Pour signifier sa rébellion, François II refuse de procéder à l'hommage « lige » normalement dû au roi. Cet hommage particulier, essentiel au système politique du Moyen Âge, consiste à soumettre complètement un seigneur à l'autorité de son « suzerain », auquel il doit dévouement et fidélité.

L'insoumission de François II de Montfort contrarie fortement le roi Louis XI (1461-1483), puis ses enfants (Anne de France, appelée aussi Anne de Beaujeu, et le futur roi Charles VIII, son frère). D'autant plus que le roi Louis XI veut avoir de nouveau la mainmise sur l'ensemble des terres du royaume de France, y compris sur les grands duchés, pour agrandir le domaine royal.

LE ROYAUME DE FRANCE SOUS CHARLES VII EN 1459

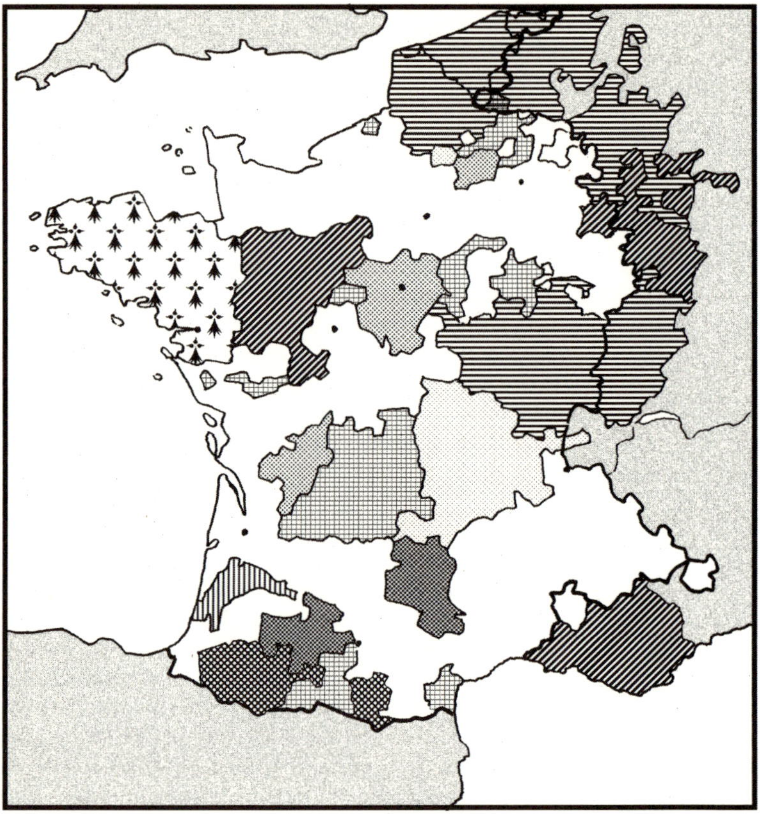

Domaine royal

Maison d'Orléans

Domaine de René d'Anjou

Maison de Bourgogne

Maison de Bourbon

Duché de Bretagne

Maison de Foix-Béarn

Maison d'Armagnac

Seigneur d'Albret

Autres fiefs

LE ROYAUME DE FRANCE À LA MORT DE LOUIS XI (EN 1483)

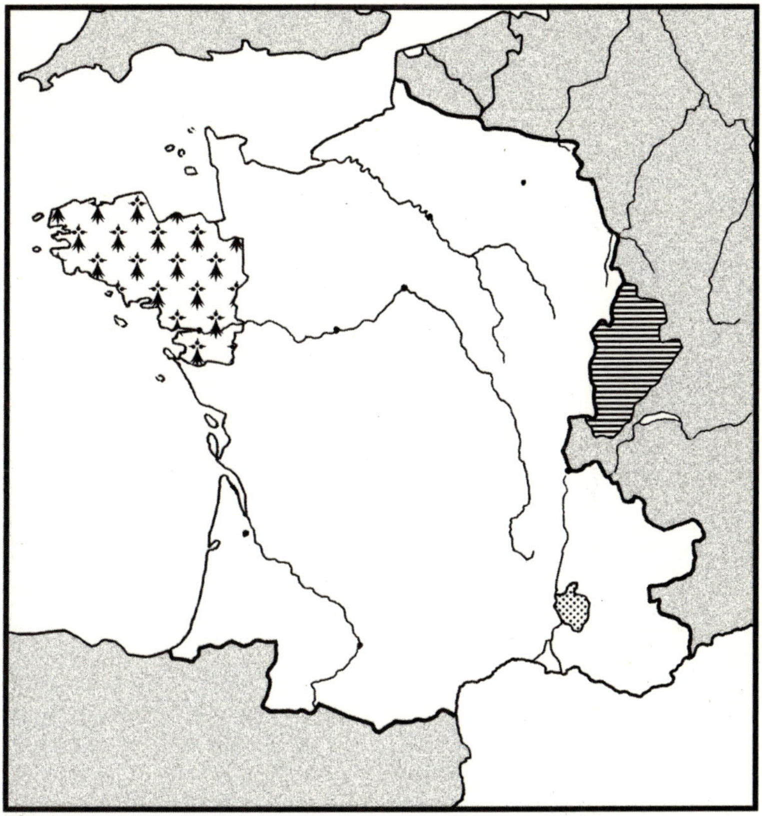

- Domaine royal
- Duché de Bretagne
- Comté de Bourgogne
- États de l'Église

FOCUS

LA GUERRE DE SUCCESSION DE BRETAGNE (1341-1364) ET LE TRAITÉ DE GUÉRANDE DE 1365

Pendant la guerre de Cent Ans (1337-1453), une guerre de succession éclate en Bretagne. Cette « guerre civile » est un fait important de l'histoire bretonne : le traité de Guérande, qui marque la fin de ce conflit, aura un impact considérable pour les vainqueurs que sont les Montforts, et cela, bien au-delà du XIVe siècle ! Mais pourquoi ?

Cette guerre oppose, pendant vingt-trois ans, deux camps de la noblesse bretonne ainsi que leurs alliés pour récupérer la couronne ducale, jusqu'alors sur la tête des grands seigneurs capétiens de la maison des Dreux. Lorsque le duc Jean III meurt sans enfant, en 1341, chacun de ces deux clans veut prendre le pouvoir : d'une part les Penthièvre, soutenus par le royaume de France, et d'autre part les Montforts, appuyés par le royaume d'Angleterre ! En l'absence d'héritier désigné, les hostilités commencent.
La nièce de Jean III, Jeanne de Penthièvre, réclame la couronne au nom de son père décédé et pour son époux Charles de Blois (neveu du roi de France), comme la coutume bretonne l'y autorise. Face à elle, le demi-frère de Jean III, Jean de Montfort, se déclare duc de Bretagne, selon la « loi salique » en usage au royaume de France : la couronne de France se transmet uniquement aux hommes par les hommes.
S'ensuivent des chevauchées, des batailles et des sièges, entrecoupés de trêves entre les deux partis rivaux, jusqu'à la défaite des Penthièvre à Auray en 1364, où meurt Charles de Blois. Le traité de Guérande, rédigé et signé l'année suivante, met fin à la guerre. Il stipule que le duché de Bretagne revient désormais aux Montforts, et qu'il se transmettra uniquement de mâle en mâle, mais que, en l'absence de successeur légitime, le duché reviendra à la famille des Penthièvre !

Un siècle plus tard, ce traité, qui avait légitimé le règne des Montforts, les dessert. En effet, dans les années 1480, en pleine lutte contre le royaume de France, la Bretagne est confrontée à de nouvelles difficultés. Marguerite de Foix met au monde deux filles comme uniques héritières. Louis XI, qui connaît bien le traité, rachète aux Penthièvre leurs droits successoraux sur le duché, au profit de son fils, le futur Charles VIII.

FOCUS

LOUIS XI (1461-1483). AFFIRMATION DU POUVOIR DU ROI

À l'âge de 38 ans, Louis XI devient le nouveau roi de France. Fils de Charles VII et de Marie d'Anjou, il a reçu une éducation privilégiée qui lui est très utile une fois couronné. C'est un souverain important de la fin du Moyen Âge, à la fois par sa personnalité de monarque très affirmée et, surtout, par la politique qu'il mène pendant vingt-deux ans dans le royaume. Il veut réduire la puissance et l'autonomie excessive de ses grands vassaux ! Certains d'entre eux se voient comme des souverains d'États indépendants. En réaction, le roi œuvre pendant son règne au rattachement successif de plusieurs duchés ou comtés au domaine royal (Maine, Anjou, Provence, Bourgogne…) afin d'accroître la puissance de la couronne de France.

Ces grands princes se rebellent pour défendre leur autonomie sur leurs terres. Cette rébellion commence par la guerre du Bien-Public. Deux ducs y participent activement, Charles le Téméraire, le Bourguignon, et François II de Montfort, le Breton, ainsi que le frère du roi, Charles de France, jusqu'à sa mort en 1472.

Pour parvenir à ses fins, Louis XI n'utilise pas forcément la lutte armée. Il profite de conflits internes au sein des principautés ou de problèmes de succession pour étendre son pouvoir sur ces territoires. Il rachète des droits de succession ou met en place des projets de mariage pour se garantir le rattachement définitif de ces principautés à la mort des princes en rébellion.

Mais Louis XI n'arrivera pas à annexer la Bretagne avant sa mort en 1483 ! Ce sont ses enfants qui poursuivront ce projet : les guerres de Bretagne conduiront au mariage d'Anne de Bretagne avec le roi Charles VIII. Cinquante ans plus tard, en 1532, l'union de la France avec la Bretagne sera définitive.

GOUVERNER LA BRETAGNE À LA FIN DU MOYEN ÂGE

Depuis plus de quatre-vingt-dix ans, la Bretagne est gouvernée avec une grande autonomie. Le duc de Bretagne règne sur ses terres, son fief, tel un monarque ! Il se fait tout d'abord couronner à la cathédrale de Rennes et devient « *duc par la grâce de Dieu* ». Il fait frapper ses propres monnaies d'or et d'argent, à son effigie. Il s'approprie ainsi des privilèges réservés au roi.

François II ne règne pas seul pour autant sur la Bretagne. Il est assisté entre autres par un « Conseil ». Ce conseil est composé de nobles et de personnes haut placées, sous la conduite du « chancelier », une sorte de Premier ministre. Son champ d'action s'étend à tous les domaines, qu'il s'agisse de la vie privée de la famille ducale, de la politique du duché, ou de requêtes de particuliers. Les décisions prises sont ensuite rédigées, enregistrées puis archivées par la « Chancellerie » (la plus haute instance du gouvernement) afin de les faire appliquer. Les finances du duc et du pays sont gérées, quant à elles, par la Trésorerie générale et la Chambre des comptes. François II peut véritablement compter sur une administration compétente pour gérer son État et traiter l'ensemble des questions politiques et financières, parfois épineuses !

De plus, le duc réunit régulièrement également les « états généraux de Bretagne » : une grande assemblée composée des membres de la noblesse (en particulier les neuf grands barons de Bretagne), du clergé et de la bourgeoisie des villes, pour décider la politique générale de la principauté, et assurer le maintien des différents privilèges de chaque groupe. Cela ne veut pas dire qu'il s'agit ici d'une assemblée démocratique !

D'autres grandes principautés de la fin du Moyen Âge fonctionnent de la même manière, en particulier le duché de Bourgogne.

Pour superviser cette grande administration, François II choisit deux hommes de qualité, qui seront ses plus fidèles conseillers : Guillaume Chauvin, un homme de la noblesse, est son chancelier, et Pierre Landais, un riche marchand, son trésorier général (une sorte de ministre des Finances). Leurs réformes sont efficaces et assurent la prospérité du duché jusqu'aux années 1470-1480.

Par ailleurs, pour protéger la principauté, François II entretient aussi un « ost » (des forces armées) ainsi que les forteresses aux Marches du pays (c'est-à-dire aux frontières). Ces troupes sont sous l'autorité du « maréchal de Bretagne » : Jean de Rieux, baron d'Ancenis, un seigneur de la haute noblesse bretonne.

Deux magnifiques pièces d'orfèvrerie du trésor des ducs de Bretagne : *Anges reliquaires aux armes de Bretagne*, XIVe-XVe siècles (musée du Louvre, Paris).

GOUVERNER C'EST AUSSI COLLECTIONNER POUR BRILLER

Au Moyen Âge, les grands princes collectionnent de nombreux objets d'art religieux et profanes, très raffinés, pour briller en société et montrer leur puissance politique et financière. La maison de Bretagne ne déroge pas à la règle. Les Montforts constituent au fil du temps un riche trésor composé de pierres précieuses, de pièces d'orfèvrerie, de riche vaisselle en céramique et en verre, de livres précieux, de tableaux, d'étoffes de soie, de tapisseries tissées de laines multicolores et de fils dorés… Anne de Bretagne, en tant que duchesse héritière et reine, continuera l'œuvre de ses aïeux avec brio !

Son père, François II, possède en 1470 dans sa collection plus de sept cents objets d'orfèvrerie ! Il fait réaliser, à grand prix, de luxueuses tapisseries qui déroulent des histoires, sur l'antique sujet de la guerre de Troie par exemple. Il commande des linges de Hollande ou de Venise. Ces objets sont destinés à ses appartements, ou aux salles d'audience et de banquet, pour montrer aux visiteurs toute la richesse du duché. Tous sont aussi impressionnés par son incroyable ménagerie de fauves et d'animaux sauvages, la « maison des lyons ».

Cette sublime collection perd hélas de son éclat lors des guerres de Bretagne. Anne lui redonnera toute sa splendeur lorsqu'elle sera reine, grâce aux cadeaux qu'elle recevra et aux commandes qu'elle passera aux meilleurs artistes du royaume et d'Italie.

La Nef de sainte Ursule, vers 1500 (palais du Tau, Reims). Il s'agit d'un cadeau offert par la ville de Tours à Anne de Bretagne en novembre 1500.

LE CHÂTEAU DE FRANÇOIS II ET D'ANNE DE BRETAGNE UN CHÂTEAU PRINCIER, « UN PALAIS DANS UNE FORTERESSE »

Une dizaine d'années après son couronnement, le jeune duc François II ordonne l'édification d'un château digne de son rang. Il veut une résidence capable d'accueillir sa cour et son administration, mais aussi des hôtes de marque. Elle doit assurer confort et prestige à la famille princière, à l'exemple des grands châteaux construits alors au cœur du royaume, de riches demeures répondant au goût de la fin du Moyen Âge, le gothique flamboyant. De nombreux ouvriers, sous la conduite d'un architecte, vont édifier le nouveau château princier.

François II de Montfort fait le constat en 1466 que son château de Nantes, « *situé en l'une des plus principales et magnifiques villes* » de son pays, dans lequel il aime séjourner, a besoin de réparations. Il ordonne des travaux et fait appel à de grands architectes, comme Mathelin Rodier, maître d'œuvre de la cathédrale de Nantes. Le vieux château est démoli, et un palais de tuffeau est construit à l'intérieur d'une forteresse de granit en une vingtaine d'années.

Il est composé de plusieurs bâtiments. Le premier est réservé aux officiers du gouvernement (le Conseil et la Chancellerie) et aux membres de l'Hôtel. Une grande tour d'escalier le relie au bâtiment principal, où logent le duc et sa famille. Le dernier, enfin, abrite la chapelle ducale et des salles où sont entreposés les objets précieux et les archives.

Au rez-de-chaussée du château se trouvent les grandes cuisines (utilisées pour préparer les repas quotidiens et les banquets) et les salles des gardes (pour surveiller les allées et venues au château). Dans les sous-sols sont entreposés les victuailles et le vin. Le duc a ses appartements au premier étage du bâtiment principal, la duchesse et ses filles, Anne et Isabeau, logent au deuxième. Les derniers étages sont réservés aux proches et aux serviteurs.

En même temps, on enceint le palais de puissants remparts pour le protéger. Le château de François II devient ainsi une forteresse capable de résister aux assauts d'armées ennemies. Dans l'épaisseur de tous les remparts, on trouve des petites pièces, très importantes pour se défendre, des « chambres de tir » : elles sont étroites mais les soldats du duc, en cas d'attaque, peuvent disposer des canons à l'intérieur. Les canons du Moyen Âge ne ressemblent pas aux armes d'aujourd'hui. Les soldats bretons utilisent particulièrement des « canons à boîte » : ce sont de gros canons en fer à l'arrière desquels on encastre une « boîte », qui contient la poudre et le boulet. Ce sera très utile au duc pour riposter à l'armée royale, quand Nantes et le château seront attaqués en 1487. Les soldats utilisent aussi des arbalètes et un ancêtre du fusil, qu'on appelle « hacquebute » (voir p. 206).

Quand François II meurt, Anne de Bretagne, qui devient duchesse puis reine de France, continue les travaux du château. Dans les années 1500, elle ajoute de magnifiques lucarnes décorées avec ses blasons. Elle fait réaliser aussi des loggias en haut de la tour d'escalier (des galeries ouvertes comme des balcons, inspirées de l'architecture de la Renaissance italienne). Elle peut profiter de la vue sur la Loire et ses îles quand elle séjourne au château.

Le château de Nantes dans les années 1500.

CONSERVER SON AUTONOMIE ET AFFIRMER SON POUVOIR. VERS LES GUERRES DE BRETAGNE

À l'approche des années 1480, il devient de plus en plus difficile pour François II de contrecarrer les convoitises de Louis XI sur la Bretagne. Il est privé au fur et à mesure de l'appui de ses alliés, qui meurent les uns après les autres. Cela permet au roi d'intégrer leurs domaines au sien. Le duc de Bretagne se retrouve bientôt seul à résister. Cette situation l'oblige à chercher une aide en dehors du royaume, d'autant plus que des difficultés de succession s'annoncent pour le duché. Désigner Anne de Bretagne comme héritière et la marier sont essentiels pour la survie de la principauté. Cependant, cela va à l'encontre du traité de Guérande de 1365 ! Les divergences deviennent vives au sein de la noblesse et du Conseil ducal. Certains nobles souhaitent se concilier la bienveillance du roi, d'autres au contraire encouragent François II à poursuivre sa lutte pour l'indépendance du duché. Certains prêteront même allégeance à son successeur, Charles VIII, ce qui fragilisera le duc de Bretagne.

Tout en cherchant de l'aide à l'étranger, François II ordonne l'exécution de nouveaux travaux de mise en défense des forteresses sur les frontières et dans les principales villes du duché. On répare des constructions existantes, et on en construit de nouvelles avec de grosses tours à canons pour résister aux attaques de la puissante armée royale, qui est à la pointe de la technologie militaire. Pour compléter les rangs de son armée, le duc engage de nombreux mercenaires (allemands, gascons, castillans et anglais, réputés pour le maniement des armes à feu). Le duché se prépare donc fatalement à la guerre ! Et tout cela lui coûte très cher. Les caisses de la principauté et du duc s'amenuisent. La population en pâtit, les impôts sont augmentés pour trouver l'argent nécessaire.

La mort du roi Louis XI, en 1483, ne change rien à l'ambition de la famille royale de rattacher la Bretagne à la France. Cependant, un prince de sang s'oppose maintenant au royaume : Louis, duc d'Orléans, se dresse contre Anne de Beaujeu, nommée régente de Charles VIII jusqu'à la majorité du roi. Louis d'Orléans apporte son soutien à son cousin François II, qui l'accueille au sein de la cour de Bretagne. Il participera activement à la défense du pays breton. En 1487, Charles VIII envahit finalement la Bretagne. François II n'obtient pas l'aide espérée des royaumes anglais et espagnols, ni du Saint-Empire romain germanique. Le duché, handicapé par les manigances d'une partie de la noblesse, essuie une lourde défaite, après des mois de résistance : les forces armées bretonnes sont vaincues à Saint-Aubin-du-Cormier, le 28 juillet 1488. En août, le 19, François II doit signer le traité du Verger et meurt après quelques semaines, épuisé. Anne devient la duchesse souveraine de Bretagne ! Elle poursuivra difficilement pendant quelques années encore la lutte pour l'indépendance bretonne.

FOCUS

CHAUVIN ET LANDAIS. DEUX HOMMES, DEUX PARCOURS…

Issu de la grande noblesse, Guillaume Chauvin (1422-1484) mène une brillante carrière auprès des ducs de Bretagne : après plus de vingt ans au service des Finances, il est nommé chancelier (deuxième homme de l'État breton) en 1461, jusqu'à sa disgrâce en 1481. Il possède de nombreux titres honorifiques et exerce aussi de nombreuses charges et fonctions au sein de la cour, qui augmentent sa richesse. C'est un homme zélé et fidèle à François II, mais aussi à la grande noblesse de Bretagne attachée à ses privilèges. Il est très apprécié de ses pairs, à la différence de Landais, considéré souvent comme un parvenu. Pierre Landais (1430-1485), lui, est un riche marchand drapier de Vitré (Ille-et-Vilaine actuelle). Avant d'entrer au service du duc comme trésorier général en 1460, il travaillait déjà pour François II quand celui-ci n'était encore que comte d'Étampes. Landais développe un réseau de fidèles au sein de l'administration pour servir sa politique auprès du duc. Tout en assumant ses fonctions avec habileté, il continue à exercer son commerce, ce qui lui permet d'atteindre une fortune considérable et le rend détestable pour la haute noblesse, lui qui n'est qu'un bourgeois anobli.

Les deux hommes finissent par s'opposer fortement quand Pierre Landais conseille le duc sur la diplomatie à mener. Guillaume Chauvin, soutenu par une partie de la noblesse, souhaite trouver un consensus avec le roi de France. Pierre Landais, au contraire, propose une rupture radicale pour contrecarrer Louis XI : faire alliance avec un prince capable d'aider la Bretagne, en lui proposant Anne en mariage.

La fin de ces deux hommes est aussi brutale que tragique. Le chancelier tombe en disgrâce en 1481 ; le duc choisit finalement de riposter avec une aide étrangère. Chauvin est emprisonné au château de l'Hermine à Vannes, où il meurt en 1484. Landais, quant à lui, devient vite l'homme à abattre. En représailles de la mort du chancelier, il est arrêté en 1485, à l'initiative de la noblesse, notamment de Jean de Rieux, maréchal de Bretagne, et est pendu après un simulacre de procès. Le maréchal de Rieux devient le nouvel homme fort du duché.

FOCUS

UNE GUERRE FOLLE, LA RÉSISTANCE BRETONNE

Les troupes royales, conduites par son excellent capitaine Louis de La Trémoille, un grand stratège, pénètrent dans le duché en mai 1487. Très rapidement, les grandes places fortes bretonnes tombent les unes après les autres. Dix mille hommes font route vers Nantes. Ils s'arment de puissants canons qui sont placés à l'est de la ville et sur les îles de la Loire, face au château, le 19 juin. Soumettre rapidement la capitale ducale mettrait fin à la guerre ! Pourtant, la ville va résister aux assauts de l'armée royale pendant plusieurs semaines ! La construction du nouveau château, la restauration et l'adaptation des remparts de la ville à l'usage des canons, une arme nouvelle et puissante, permettent de défendre la cité, tout comme la forte mobilisation de la population et des soldats bretons, et la présence de mercenaires étrangers. La ville s'était préparée à se défendre ! Nantes, en plus, est ravitaillée régulièrement pendant le siège et reçoit l'aide de nombreux renforts extérieurs bretons. C'est une véritable victoire pour François II et son armée, malgré des destructions considérables. Pendant le siège, un boulet de canon français aurait même atteint la chambre du duc, comme aime à le rapporter Alain Bouchart dans ses chroniques de la Bretagne au début du XVIe siècle.

Hélas, cette victoire sera de courte durée ! En définitive, les Français lèvent le camp, mais poursuivent les opérations militaires plus au nord, menant ce que l'on appelle une « guerre d'usure ». Ils prennent de nouvelles forteresses jusqu'à la débâcle bretonne de Saint-Aubin-du-Cormier. L'armée ducale, mobilisée à la hâte et désorganisée, après l'annonce de la prise de Fougères (ville importante), fait à nouveau face aux troupes de La Trémoille, cette fois sur le champ de bataille. En moins de quatre heures, les Bretons sont battus ! Louis d'Orléans est fait prisonnier. Jean de Rieux, lui, arrive à s'enfuir… À la suite de cette triste bataille, un traité est rédigé et signé au château du Verger, près d'Angers : François II y admet sa défaite et reconnaît être le vassal du roi. Il doit désormais obtenir le consentement du roi pour le mariage de ses filles, Anne et Isabeau. Et il perd le contrôle des Marches de Bretagne. Le duché semble vaincu !

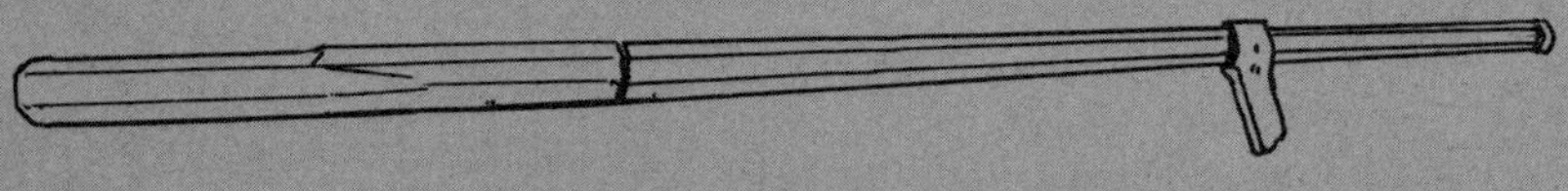

Une hacquebute (un canon à main, ancêtre du fusil) à la fin du XVe siècle (musée de l'Armée, Paris).

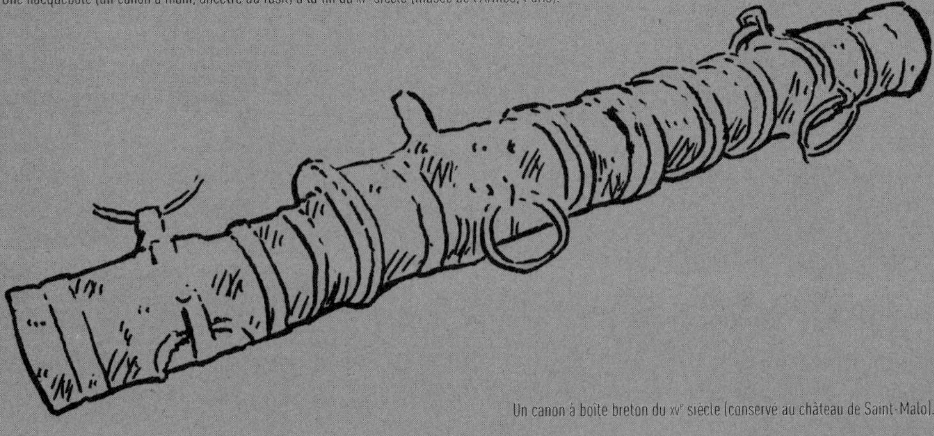

Un canon à boîte breton du XVe siècle (conservé au château de Saint-Malo).

ANNE DE BRETAGNE, DUCHESSE HÉRITIÈRE ET REINE

À sa naissance, rien ne prédispose Anne à régner sur la Bretagne, ni à devenir reine de France. À cause des grandes menaces qui pèsent sur le duché, cette jeune princesse est très vite utilisée comme un instrument politique par son père, en l'absence d'un prince héritier. On cherche dès les années 1480 à la marier à un prince de sang royal. Tout d'abord, un projet matrimonial est envisagé avec le fils du roi d'Angleterre Édouard IV. Ce projet ne voit pas le jour, le prince de Galles étant assassiné en 1484. François II propose ensuite la main de sa fille à son cousin, Louis d'Orléans, pour sceller leur alliance contre la politique menée par Anne de Beaujeu. Cependant, le duc de Bretagne a désormais besoin d'une aide significative hors du royaume, en particulier pour résister à une campagne militaire. Il se rapproche alors de Maximilien de Habsbourg (futur empereur du Saint-Empire romain germanique) pour proposer une nouvelle fois la main d'Anne de Bretagne, en accord avec son cousin. Auparavant,

Blason couronné de la duchesse-reine Anne de Bretagne, parties de France et de Bretagne (à fleurs de lys et hermines) et à la cordelière. Au-dessus du blason, une des devises d'Anne de Bretagne : *Non Mudera*, « Je ne changerai pas ». Au-dessous, une hermine, un emblème de la Bretagne.

François II avait désigné sa fille aînée comme duchesse héritière avec l'accord des états de Bretagne. Ce projet n'aboutit pas non plus. Le duché est désormais seul pour faire face à la guerre imminente. La Bretagne est envahie en 1487 ; le duc François II et son armée devront s'incliner.

En septembre 1488, Anne hérite d'un duché mal en point et divisé, mais elle poursuit malgré tout la rébellion engagée par son père, avec l'aide de ses plus proches conseillers. Les hostilités entre les deux camps se poursuivent jusqu'à l'été 1491. Anne est couronnée duchesse de Bretagne en février 1489, et épouse finalement Maximilien Ier « par procuration » (c'est-à-dire en l'absence de l'époux, un proche joue son rôle), en décembre 1490, en dépit des conditions du traité de Guérande et du traité du Verger.
En réaction, Charles VIII lance une nouvelle campagne militaire française à l'intérieur du duché. Après une ultime résistance des forces armées bretonnes, le duché doit s'incliner une nouvelle et dernière fois, notamment après la prise de Nantes et de son château en mars 1491 (grâce à la trahison du capitaine de la ville et du château, Alain d'Albret, qui espérait obtenir la main d'Anne de Bretagne) et le siège de Rennes, la ville où la duchesse Anne s'était réfugiée. Les caisses ducales sont vides. L'aide de l'armée germanique de Maximilien n'est jamais arrivée. La noblesse et la population sont épuisées par ces guerres et souhaitent le retour de la paix.

« Gens de diverses nations
La terre occupent des Bretons
Espagnols, Flamands, Anglais
Qui pour combattre les Français
Sont venus de leurs régions
Et plusieurs oppressions [font]
A pauvres veuves et pupilles
A marchands et jeunes filles
Dieu qui a par sur eux puissance
Veuille unir Bretagne et France
Et ces gens conduire en leur terre
Et de tous pays ôter la guerre »

(Adaptation en français moderne d'un poème nantais de 1490)

Un projet de mariage entre Anne de Bretagne et Charles VIII est élaboré par les deux camps pour clore définitivement ce conflit (annulant le premier mariage d'Anne de Bretagne avec Maximilen Ier, ainsi que la promesse de mariage de Charles VIII avec Marguerite d'Autriche). C'est chose faite : les fiançailles ont lieu en novembre et le mariage en décembre 1491 à Langeais. Deux mois après, Anne est couronnée reine de France. C'est la fin annoncée de la principauté bretonne.

FOCUS

NAISSANCE ET ÉDUCATION D'UNE PRINCESSE

Anne de Bretagne naît au château de Nantes le 26 janvier 1477, à 5 h 30 du matin. On connaît peu de choses des premières années de son enfance. Cependant, comme tous les enfants de la noblesse, elle fait l'objet d'une attention toute particulière. Dès sa naissance, tout en restant avec sa mère, Anne est confiée aux bons soins d'une nourrice, rigoureusement sélectionnée, notamment pour la qualité de son lait.

Très jeune, elle est placée sous la garde d'une gouvernante, Françoise de Dinan, dame de Châteaubriant, une femme très cultivée de son temps. C'est une charge très importante. Elle prodigue à la fillette une éducation soignée. Anne apprend à lire et à écrire (ce qui n'était pas obligatoire pour les jeunes filles), à chanter et à danser. Elle reçoit des rudiments d'arithmétique, d'histoire et de latin, ainsi qu'une stricte instruction religieuse. À la différence des garçons, elle n'aura pas de formation militaire. Sa gouvernante lui apprend aussi comment se comporter à la cour et s'entourer de personnes de confiance. Un ambassadeur italien en 1492 la décrira comme *« petite, maigre de sa personne* [...] *brunette et jolie de visage, et pour son âge fort rusée »*.

FOCUS

ANNE DE BRETAGNE, TROIS FOIS COURONNÉE. DE LA BRETAGNE À LA FRANCE

Pour une princesse qui ne devait pas régner, la destinée d'Anne de Bretagne est tout à fait étonnante. Après avoir reçu la couronne du duché de Bretagne à 11 ans (en 1489), elle est couronnée reine de France, le 8 février 1492, à 14 ans, dans la basilique de Saint-Denis. Après des années de lutte pour assurer l'autonomie de la Bretagne, c'est finalement son rattachement à la France qui est enclenché par cet événement. Anne perd son autorité sur le duché au profit de son époux, le roi de France. Le couple royal séjourne la plupart du temps dans le Val de Loire. Anne s'adonne à la vie de cour. On attend d'elle qu'elle mette au monde un garçon qui sera roi à son tour. Elle donne naissance à quatre enfants. Un seul d'entre eux, Charles-Orland, le dauphin, survit quelques années : il naît en 1492, alors qu'Anne n'a que 15 ans, mais il meurt en 1495 de la rougeole.

Tout en étant reine de France, sans pouvoir effectif, elle garde un lien privilégié avec la Bretagne. La situation évolue à la mort accidentelle de Charles VIII en 1498. Anne retrouve l'autorité sur son duché, mais elle doit épouser le nouveau roi de France : le « fameux » cousin de son père, Louis d'Orléans, devenu Louis XII. Son mariage se déroule au château de Nantes en janvier 1499 ! Elle s'affirme maintenant à la fois comme la duchesse de Bretagne et la reine de France, comme en témoignent les belles lucarnes de son château de Nantes ! Elle commande de nombreux objets pour ses collections précieuses, dont une partie est conservée dans le château de son enfance, qu'elle restaure brillamment dans les années 1500. Son second couronnement a lieu en novembre 1504. Elle met au monde deux filles, Claude et Renée.

À l'âge de 37 ans, le 9 janvier 1514, Anne de Bretagne meurt au château de Blois, fatiguée par ses nombreuses grossesses et des problèmes de santé. Elle reçoit des funérailles exceptionnelles pour une reine : son corps est inhumé dans la basilique de Saint-Denis et son cœur est déposé dans un magnifique reliquaire dans le couvent des Carmes à Nantes, auprès de ses parents, Marguerite de Foix et François II, auxquels elle avait offert un splendide tombeau réalisé par un grand artiste de la Renaissance, Michel Colombe (que l'on peut voir désormais à la cathédrale de Nantes). La même année, sa fille Claude épouse François Ier et devient à son tour reine de France. En 1532, huit ans après sa mort, le duché est uni au royaume de France avec l'accord des états de Bretagne ! C'est la fin de la principauté bretonne.

Le second couronnement d'Anne de Bretagne en la basilique de Saint-Denis, le 18 novembre 1504.

FOCUS

ÉCRIRE UNE, DEUX, TROIS HISTOIRES DE BRETAGNE… AUX XVᴱ ET XVIᴱ SIÈCLES

Même si de nombreux poèmes et textes sont dédiés à Anne de Bretagne quand elle est duchesse, puis reine, aucun ne raconte sa vie. Les histoires du duché de Bretagne sont également discrètes. En 1498, Anne demande la rédaction d'une histoire de la Bretagne à Pierre Le Baud, son aumônier (et chroniqueur depuis de nombreuses années). Ce « *Livre des chroniques des roys, ducs et princes royaulx de Bretagne* […] » est terminé en 1505 et s'achève par l'avènement de François II à la tête du duché. Pierre Le Baud avait déjà écrit une *Compilation des chroniques et histoires de Bretagne*, achevée en 1480, pour Jean Derval, l'un des neuf grands barons bretons. Une nouvelle histoire est commandée par Anne à Alain Bouchart, avocat et secrétaire à la cour ducale. Ce deuxième récit, les *Grandes chroniques de Bretagne*, paraît en 1514, peu après la mort de la reine. Il se termine cette fois-ci par les funérailles de François II. Cette deuxième histoire aura une grande postérité, même si elle dresse une légende assez « noire » de son père (caricature de sa devise « il n'est trésor que de liesse ») qu'il faudrait aujourd'hui relativiser.

Il faudra en tout cas attendre l'écriture d'une troisième *Histoire de la Bretagne* pour que la vie d'Anne de Bretagne y prenne place. L'auteur de cet ouvrage est le petit-neveu de Pierre Le Baud, Bertrand d'Argentré.

Anne est un personnage important de l'histoire de la Bretagne et de la France. Ses trente-sept années de vie ont été mouvementées et ont laissé une trace indélébile dans la mémoire collective. Elle apparaît comme la dernière souveraine de la Bretagne, mais aussi une reine à la destinée étonnante (par deux fois) et amoureuse des arts. Aujourd'hui, devant l'entrée de son château de Nantes, une statue de l'artiste Jean Fréour l'immortalise, et sa demeure est devenue un musée.

Les ouvrages ou les articles
des historiens Didier Le Fur,
Dominique Le Page et Laurence Moal
ont été utiles à l'écriture de ce texte.